法 学 文 库

何勤华 主编

中世纪教会济贫法研究

赵博阳 著

商务印书馆
创于1897
The Commercial Press

图书在版编目(CIP)数据

中世纪教会济贫法研究/赵博阳著.—北京:商务印书馆,2021
(法学文库)
ISBN 978-7-100-19780-9

Ⅰ.①中… Ⅱ.①赵… Ⅲ.①教会—社会救济—行政法—研究—英国—中世纪 Ⅳ.①D956.19

中国版本图书馆 CIP 数据核字(2021)第 061811 号

上海社会科学院宗教研究所学术专著系列之三

法 学 文 库
中世纪教会济贫法研究
赵博阳 著

商 务 印 书 馆 出 版
(北京王府井大街36号 邮政编码100710)
商 务 印 书 馆 发 行
北京艺辉伊航图文有限公司印刷
ISBN 978-7-100-19780-9

2021年6月第1版 开本880×1230 1/32
2021年6月北京第1次印刷 印张 7½
定价:55.00 元

总　序

　　商务印书馆与法律著作的出版有着非常深的渊源，学界对此尽人皆知。民国时期的法律著作和教材，除少量为上海法学编译社、上海大东书局等出版之外，绝大多数是由商务印书馆出版的。尤其是一些经典法律作品，如《法律进化论》、《英宪精义》、《公法与私法》、《法律发达史》、《宪法学原理》、《欧陆法律发达史》、《民法与社会主义》等，几乎无一例外地皆由商务印书馆出版。

　　目下，商务印书馆领导高瞻远瞩，加强法律图书出版的力度和规模，期望以更好、更多的法律学术著作，为法学的繁荣和法治的推进做出更大的贡献。其举措之一，就是策划出版一套"法学文库"。

　　在当前国内已出版多种法学"文库"的情况下，如何体现商务版"法学文库"的特色？我不禁想起程树德在《九朝律考》中所引明末清初大儒顾炎武(1613—1682)的一句名言。顾氏曾将著书之价值界定在："古人所未及就，后世所不可无者"。并以此为宗旨，终于创作了一代名著《日知录》。

　　顾氏此言，实际上包含了两层意思：一是研究成果必须具有填补学术空白之价值；二是研究对象必须是后人所无法绕开的社会或学术上之重大问题，即使我们现在不去触碰，后人也必须要去研究。这两层意思总的表达了学术研究的根本追求——原创性，这也是我们编辑这套"法学文库"的立意和目标。

　　具体落实到选题上，我的理解是：一、本"文库"的各个选题，应是国内学术界还没有涉及的课题，具有填补法学研究空白的特点；二、各个选题，是国内外法学界都很感兴趣，但还没有比较系统、集中的成果；三、各选题中的子课题，或阶段性成果已在国内外高质量的刊物上发表，在学术界产生了重要的影响；四、具有比较高的文献史料价值，能为学术界的进一步研究提供基础性材料。

法律是人类之心灵的透视，意志的体现，智慧的结晶，行为的准则。在西方，因法治传统的长期浸染，法律，作为调整人们生活的首要规范，其位亦尊，其学亦盛。而在中国，由于两千年法律虚无主义的肆虐，法律之位亦卑，其学亦微。至目前，法律的春天才可以算是刚刚来临。但正因为是春天，所以也是一个播种的季节，希望的季节。

春天的嫩芽，总会结出累累的果实；涓涓之细流，必将汇成浩瀚之大海。希望"法学文库"能够以"原创性"之特色为中国法学领域的学术积累做贡献；也真切地期盼"法学文库"的编辑和出版能够得到各位法学界同仁的参与和关爱，使之成为展示理论法学研究前沿成果的一个窗口。

我们虽然还不够成熟，
但我们一直在努力探索……

何 勤 华
于上海·华东政法大学
法律史研究中心
2004 年 5 月 1 日

General Preface

It's well known in the academic community that the Commercial Press has a long tradition of publishing books on Legal science. During the period of Republic of China (1912—1949), most of the works and text books on legal science were published by the Commercial Press, only a few of them were published by Shanghai Edition and Translation Agency of Legal Science or Shanghai Dadong Publishing House. Especially the publishing of some classical works, such as *on Evolution of Laws*, *Introduction to the Study of the Law of the Constitution*, *Public Laws and Private Laws*, *the History of Laws*, *Theory of Constitution*, *History of the Laws in European Continents*, *Civil Law and Socialism* were all undertaken by the Commercial Press.

Now, the executors of Commercial Press, with great foresight, are seeking to strengthen the publishing of the works on the study of laws, and trying to devote more to the prosperity of legal science and the progress of the career of ruling of law by more and better academic works. One of their measures is to publish a set of books named "Jurisprudential Library".

Actually, several sets of "library" on legal science have been published in our country, what should be unique to this set of "Jurisprudential Library"? It reminded me of Gu Yanwu's(1613—1682) famous saying which has been quoted by Cheng Shude(1876—1944) in *Jiu Chao Lv Cao* (*Collection and Complication of the Laws in the Nine Dynasties*). Gu Yanwu was the great scholar of Confucianism in late Ming and early Qing Dynasties. He defined the value of a book like this: "the subject covered by the book has not been studied by our predecessors, and it is necessary to our descendents". According to this principal, he created the famous work *Ri Zhi Lu* (*Notes on Knowledge Accumulated Day by Day*).

Mr. Gu's words includes the following two points: the fruit of study must have the value of fulfilling the academic blanks; the object of research must be the significant question that our descendants cannot detour or omit, that means even if we didn't touch them, the descendants have to face them sooner or later. The two levels of the meaning expressed the fundamental pursuit of academy: originality, and this is the conception and purpose of our compiling this set of "Jurisprudential Library".

As for the requirement of choosing subjects, my opinion can be articulated like this: I. All the subjects in this library have not been touched in our country, so they have the value of fulfilling the academic blanks; II. The scholars, no matter at home and or abroad are interested in these subjects, but they have not published systematic and concentrated results; III. All the sub-subjects included in the subjects chosen or the initial results have been published in the publication which is of high quality at home or abroad; IV. The subjects chosen should have comparatively high value of historical data, they can provide basic materials for the further research.

The law is the perspective of human hearts, reflection of their will, crystallization of their wisdom and the norms of their action. In western countries, because of the long tradition of ruling of law, law, the primary standard regulating people's conducts, is in a high position, and the study of law is also prosperous. But, in China, the rampancy of legal nihilism had been lasting for 2000 years, consequently, law is in a low position, and the study of law is also weak. Until now, the spring of legal science has just arrived. However, spring is a sowing season, and a season full of hopes and wishes.

The fresh bud in spring will surely be thickly hung with fruits; the little creeks will coverage into endless sea. I hope "Jurisprudential Library" can make great contribution to the academic accumulation of the area of Chinese legal science by it's originality; I also heartily hope the colleagues in the area of legal study can award their participation and love to the complication and publication of "Jurisprudential Library" and make it a wonderful window showing the theoretical frontier results in the area of legal research.

We are not mature enough

We are keeping on exploring and seeking

He Qinhua

In the Research Center of Legal History

East China University of Politics and Law, Shanghai, P. R. C.

May 1st, 2004

目　　录

缩 略 语 表

D. 1,c. 1   Decretum Gratiani,Distinctio 1,canon 1
               《格氏律》类别 1 第 1 条教规

C. 1,q. 1,c. 1 Decretum Gratiani,Causa 1,quaestio 1,canon 1
               《格氏律》第 1 案例第 1 问第 1 条教规

De poen.   Decretum Gratiani,De poenitentia
               《格氏律》中的《论忏悔》

X 1. 1. 1   Decretales Gregorii IX,book 1,tit. 1,cap. 1
               《格里高利九世手谕集》第 1 卷第 1 题第 1 条

Sext. 1. 1. 1 Liber Sextus,book 1,tit. 1,cap. 1
               《第六书》第 1 卷第 1 题第 1 条

Clem. 1. 1. 1 Clementines,book 1,tit. 1,cap. 1
               《克莱孟书》第 1 卷第 1 题第 1 条

Extravag. 1. 1. 1 Extravagantes Communes,book 1,tit. 1,cap. 1
               《编外卷》第 1 卷第 1 题第 1 条

d. a.   dictum ante (in Decretum)
               《格氏律》中插入在某条教规前的评注

d. p.   dictum post (in Decretum)
               《格氏律》中插入在某条教规后的评注

Gl. Ord.   Glossa Ordinaria
               《标准注疏》

导　言

　　贫穷是人类历史上一个重要的社会现象。在生产力低下的时代，人类总要面对贫穷的问题。在生存必需品极度不足的生活条件下，贫穷威胁着一些人的生存，同时也考验着社会的价值观和个人的品质。在人类社会的各个历史时期，人们都对贫穷的问题和贫民表现出某种程度的关注。基于一种同情的心理，人们帮助贫穷者维持基本的生存，而这种帮助以济贫的形式表现出来。

　　在欧洲中世纪的历史上，曾经出现过三种形式的济贫——教会济贫、民间济贫和国家济贫。教会济贫即是以天主教会为主导的济贫活动，在成熟形态的国家尚未成型的中世纪，教会作为超国家的组织，开展了广泛的救济活动。民间济贫是一种非常古老的救济形式，涉及面广，本身也具有随意性和自愿性的特点，在没有出现官方的济贫活动之前，人们除了依靠教会，还通过邻里关系以及行会组织等民间渠道获得帮助。国家济贫是出现得最晚的一种救济形式，这种由官方推动进行的活动相比民间济贫而言具有正式性的特点。

　　欧洲中世纪长期处于国家和教会、神权和工权的二元政治之下，因此中世纪欧洲人的生活也具有了某种双重性，他们拥有属肉的生活和属灵的生活。前者关乎他们今生在俗世的生存，后者则关乎他们死后灵魂的得救。这也意味着，一个中世纪欧洲人的一生中，既会受到世俗政权的统治，也会受到教会的管辖。世俗政权通过制定、颁布法律规范人们的生活，而教会也采用同样的形式维持整个基督教社团的运行，其中自然也包括了用来指导、规范教会济贫活动的法律。

于是，中世纪教会济贫法渐渐浮现于世界法律史上。和中世纪至近代早期的国家济贫法相比，它似乎显得相对比较陌生。它的法律制度和精神尚待探究。

首先，中世纪教会的济贫法究竟是什么？国家济贫法以英格兰的济贫法为典型代表。如中世纪晚期，英格兰国王爱德华三世（Edward III of England）为应对黑死病，于 1349 年颁布的《劳工条例》（Ordinance of Labourers）；都铎王朝时期，国王亨利七世（Henry VII of England）于 1495 年颁布的《流民与乞丐法》（Vagabonds and Beggars Act 1495）；女王伊丽莎白一世（Elizabeth I of England）于 1597 颁布的《济贫法令》（Act for the Relief of the Poor 1597），以及于 1601 年颁布的《伊丽莎白济贫法》（Elizabethan Poor Law 1601）①。那么中世纪教会的济贫法又是以怎样的形式表现出来的呢？它包括了哪些成文法律？为了理解教会的济贫法是什么，有必要对这些问题进行解答。

其次，中世纪教会的济贫法包括了哪些内容？国家济贫法如英格兰济贫法，曾先后规定了抓捕惩处流民、征收济贫税、创建济贫机构、监管济贫活动等方面的内容。而教会的济贫法规范了哪些内容，理清这一点对研究和了解教会的济贫法来说是必须的。

最后，中世纪教会的济贫法对后世产生了什么影响？虽然教会的济贫活动从中世纪晚期起就逐渐地退出了历史的舞台，但是粗略地浏览英格兰的济贫法就会发现，其中仍然规定了教会堂区（parish）对济贫所负担的责任。显然，这体现了教会对于国家济贫法某种程度的影响。因此，对此问题加以探究，有利于从新的角度理解和把握西方法律传统的传承。

---

① 又以《伊丽莎白济贫法》（Elizabethan Poor Law）一名而闻名。

一、概念的界定

本书所称的中世纪教会法，指的是中世纪天主教会的法律。自西罗马帝国灭亡后，欧洲陷入了漫长的所谓黑暗的中世纪。虽然现今的学者已经倾向不再用陈旧的眼光来看待这段历史，但毋庸置疑的是，欧洲的确因蛮族的入侵而遭受重创。天主教会接纳了这些蛮族，因而得以继续留存。在之后的几个世纪，新统治者的皈依既给予了教会有力的支持和保障，也渐渐对教会的管理机制造成了挑战。教会组织受到了世俗政权的严重干扰，为了摆脱危机，天主教会发起了革新。这场革新在 11 世纪的成功，意味着教会步入了中世纪盛期。与这场革新相伴的，乃是教会法律的兴盛。教会的改革者们需要依靠法律来肯定教会的地位，摆脱世俗权力的控制。在这个时代，新的教会法律汇编的增长超过了以往的任何时候。而欧洲在熬过了前几个世纪的衰败后，其生气渐渐恢复，整个社会出现了一股新的生机，这表现在文学、建筑、艺术等方面，同样也体现在法学的复兴。在这样的背景之下，教会法终于达到了一个巅峰——《格氏律》（Decretum Gratiani）①的出现。

和以往任何一部教会法律汇编不同，《格氏律》是一部使用了新方法的系统化汇编，其全名《矛盾教规之协调》（Concordia Discordantium Canonum）是最好的说明。格拉蒂安（Gratian）使用经院哲学辩证法，将各类矛盾冲突的教会权威文字纳于一个和谐的体系之下，并在其中插入自己的评注，阐述自己的法学思想，这是中世纪教会法的首创。格

---

① 又被译为《格拉蒂安教令集》。然该法律汇编所收录的法律渊源种类繁多，囊括教宗教令（手谕）、宗教会议决议、权威人士著述选段乃至世俗法律，冠以教令二字未免以偏概全，且拉丁文 decretum 一词本就有法律之意，故本书按照其字面含义译为《格氏律》。

拉蒂安因而享有"教会法学之父"的美称。① 《格氏律》的编订原本可能只是用于课堂教学,但因其本身的卓著,成为了中世纪教会法学的必备教科书,也成为了教会法学者和律师常常引证之对象,在这样的进程中,《格氏律》本身的权威性在不断提高。

　　随着教宗地位的提高与巩固,教宗的手谕(decretal)成为那个时代教会立法最重要的形式。1187—1226 年间出现的《五部汇编集成》(Quinque Compilationes Antiquae),收录了《格氏律》以后颁布的教宗手谕和教会会议决议。但《五部汇编集成》本身不仅在内容上有重复,还存在互相冲突的教规,因此教宗格里高利九世(Pope Gregory IX)指派其专职司铎佩尼亚福特的赖孟多(Raymundus de Peñaforte)编纂一部更加便于使用的汇编,最终编成五卷本《格里高利九世手谕集》(Decretales Gregorii IX)。根据《格里高利九世手谕集》中诏书《其实愿意》(Volentes Igitur)的指示,该手谕集具有排他性,颁布后将取代此前旧有的教会法律汇编。但实际上《格氏律》仍然在大学和法庭中使用。1298 年,教宗卜尼法斯八世(Pope Boniface VIII)将《格里高利九世手谕集》颁布后新出现的教会法律编成一部新的法律汇编,作为对《格里高利九世手谕集》的补充,称为《第六书》(Liber Sextus)。1313 年,教宗克莱孟五世(Pope Clement V)又将新出现的法律编订为《第七书》(Liber Spetimus),教宗约翰二十二世(Pope John XXII)在位期间对此汇编进行了修订,并于 1317 年颁布,名为《克莱孟书》(Clementines)。该汇编不具有排他性,《第六书》之后颁布的教会法律即使没有收录汇编中,仍然有效。后法国教会法学家让·沙皮伊(Jean Chappuis)又将没有收录但仍然有效的教会法律编成《编外卷》(Extravagantes),由两部分组成:沙皮伊将教宗约翰二十二世的 20 份手谕汇编成集,是为《约

---

① 　See Stephen Kuttner, The Father of the Science of Canon Law, *Jurist* 1,1941,p. 16.

翰二十二世编外卷》(Extravagantes Johannis XXII);又将从教宗乌尔班四世(Pope Urban IV)至西斯笃四世(Pope Sixtus IV)的 74 份手谕汇编成集,是为《普通编外卷》(Extravagantes Communes)。1500 年,《格氏律》《格里高利九世手谕集》《第六书》《克莱孟书》《编外卷》五部经典被首次集合印刷出版。1566 年,教宗庇护五世(Pope Pius V)组织了"罗马修订者委员会"(Correctores Romani),对上述五部经典进行修订。1582 年,教宗格里高利十三世(Pope Gregory XIII)批准了修订成果,并以全集的形式印刷出版,是为《教会法大全》(Corpus Iuris Canonici)。本书所研究之中世纪教会济贫法的时间维度,是从 1140 年左右《格氏律》的汇编完成起始。因为格拉蒂安的成就,使得教会法从神学中分离出来,成为一门真正独立的科学。而此前的教会法尚在襁褓阶段,缺少成熟的法学理论,故不在讨论范畴之中。

需要注意的是,本书虽使用"济贫法"一词,但并不能从现代法律系统的角度来解读。中世纪教会的济贫法既不是完全显性的,也不是系统的。乍一看,济贫法好像意味着一个独立的部门法,而纵览《教会法大全》,根本无法找到类似《论贫穷》(de paupertatibus)或《论贫民》(de pauperibus)这样的标题以及罗列于其下的法条。但这并不意味着教会法中没有济贫方面的法律,实际上这类法律乃是散落在教会法律汇编的各个部分之中的,尤以《格氏律》为典型。《格氏律》中的济贫法遍布其第一部分各类别和第二部分各案例之中,而这些类别和案例原本所讨论的主题也五花八门,如法学理论、圣职人员的职责、买卖圣职的罪行等。不过,这并不意味着这些法律规范就不属于济贫法的范畴,也并不影响对教会济贫法的考察。教会法的特别之处在于,不能用近代的部门法律体系来分析,而应将其作为一个整体来研究。

此外,本书所指中世纪教会济贫法,还包括了中世纪教会法学家们对法律文本的评注。教会法和其他法律相比,其特殊之处在于具有浓厚的学理色彩。这一特点始自《格氏律》。格拉蒂安超越前人之处在于，他在汇编中通过插入评注来阐述法学理论，虽然这些理论仅仅是一家之言，但随着其权威性的不断上升以及被纳入《教会法大全》的一部分，最终具有了法律效力。同样在格拉蒂安之后，有一批教会法学者围绕《格氏律》开展了研究活动，他们被称为格氏律学者（decretist）。格氏律学者和他们同时代的罗马法同仁一样，对《格氏律》进行评注，这些评注后又汇编成集。同样，对于《格里高利九世手谕集》《第六书》《克莱孟书》《编外卷》这几部经典，也有教会法学者从事相同的研究活动，他们被称为教宗手谕学者（decretalist），而他们的评注也同样被汇编成集。这两类学者通过概述主题、确定要讨论的问题、划分段落、解释重要的字眼、援引关联法律条文、举例说明等方法，对这些教会法律经典进行研究。他们的工作能够解决法律文本过于简要、存疑和互相矛盾等问题，并极大地阐述了自己的法律思想。他们中的有些人取得了极高的成就，其评注因为精妙的阐释和便于用作查阅法律文本时的参照，成为大学和法庭中参考的对象。而这些教会法学家在评注中也常常彼此援引对方的理论和观点，形成了一个不可割裂而又具备传承性的整体。这个整体所涵盖的信息量，甚至要超越教会法律文本本身。评注名义上不具有法律效力，但在中世纪的司法实践中，司法者往往要依靠阅读评注集来理解法律文本，因此实质上是一种具有效力的法律解释。因此它们构成了中世纪教会法极其重要的组成部分。这些学者的评注集中，有些甚至被选作对法律文本的权威性统一解释，作为在阅读理解法条时的圭臬。作为标准解释的评注被称作"标准注疏"（Glossa Ordinaria）。当 1582 年《教会法大全》印刷出版时，五部经典汇编的标准注疏仍然被编排于正文的四周页边。故笔者在研究中世纪教会济贫法时，将教会法学家的评注集也纳入其中，乃至在考察具体问题时，会以这些评注为主导。此外，由于教会济贫法在文本中的分散性和关联性，决定了教会法学家的评注也具有同样的特点。例如,当某位教会法学家在解释财产权的抽象问题时,他会涉及济贫活动中的财产处分;而当他解释布施的义务时,他可能又会触及财产理论。因此,本书在考证中世纪教会济贫法时,将这些分散的评注视为一个整体来探讨。

二、学说史回顾

如前所述,国内学界对于教会的济贫法尚无有专门的研究,而在国外,这方面的成果也并不多。西方学者主要的关注点在于教会的慈善活动,譬如 19 世纪德国天主教会学者乔治·拉青格(Georg Ratzinger)所著《教会救济史》(*Geschichte der kirchlichen Armenpflege*,1868)、德国耶稣会学者弗朗茨·埃尔勒枢机(Cardinal Franz Erhle)所著《救济史和改革文集》(*Beiträge zur Geschichte und Reform der Armenpflege*,1881)、德国学者格哈德·乌尔霍恩(Gerhard Uhlhorn)所著《古代教会中的基督教慈善事业》(*Die christliche Liebesthätigkeit in der alten Kirche*,1882);20 世纪法国学者雷昂·拉勒芒(Léon Lallemand)所著《慈善史》(*Histoire de la Charité*,3 *vols.*,1902—1912)。这些专著中虽有涉及教会济贫的法律,但并不作为专题讨论,而仅作为论据使用。

至今唯一一本将教会济贫法作为专题研究的专著,是英国学者布莱恩·蒂尔尼的《中世纪济贫法》(1959)。蒂尔尼本是英国人,曾就读于剑桥大学,后任教于美国。他的《中世纪济贫法》一书深入探讨了中世纪教会法对慈善观念的认识和对济贫制度的规定。他在书中将中世纪教会法学家的理论与近代英国济贫法做了比较,对后者在处理贫民问题时所表现出的冷漠、严苛乃至歧视进行了批判。本书的成书时间在 20 世纪中叶,当时美国社会流行着这样一种慈善观念——慈善活动的组织者抱怨接受救济的贫民经常流露出他们有权利接受他人帮助的情绪，认为自己应该得到富人的帮助。蒂尔尼的研究包含了他对这种观念的批判和思考。他指出，中世纪的教会法学家所持的观点，恰恰和这些贫民一致。贫民有权接受救济，施予者无须自认为高人一等，而受施者也无须感到自卑。此外，蒂尔尼还在书中强调了中世纪教会法学家对财产公有和私有相当精彩的分析和阐释。[1]

　　不过蒂尔尼的这部著作仍然存在一些不足之处。首先蒂尔尼对于中世纪教会法中"可怜的人"（Miserabiles Personae）这一术语的概念和贫民相混淆，在探讨教会法学家的理论时，他将"可怜的人"等同于贫民，而这是不符合事实的。其次，蒂尔尼对于一些教会法律的理解存在误差，对于一些字眼的理解不准确，甚至存在误引论据的情形。再次，蒂尔尼的一些观点缺乏论据的支持，较难成立。最后，由于行文篇幅限制，蒂尔尼对于不少问题都未进行展开讨论，这不失为遗憾之处。

　　除此以外，还有一些讨论教会史、经济史、国家济贫法以及以某些中世纪慈善机构为专题的研究成果，其内容涉及了教会的济贫法。其中重要的有英国中世纪史学者乔治·戈登·库尔顿（George Gordon Coulton）所著《宗教的五个世纪》（*Five Centuries of Religion*，4 vols.，1923—1950）、英国经济史学者威廉·阿什利爵士（Sir William Ashley）的著作《英国经济史与理论介绍》（*An Introduction to English Economic History and Theory*，1925）、英国社会史学者西德尼·韦伯与贝阿特莉斯·韦伯夫妇（Sidney and Beatrice Webb）的《英国济贫法史（第一部分）》（*English Poor Law*，Part I，1927）、英国学者罗莎·玛丽·克雷（Rotha Mary Clay）的《中世纪英格兰善堂》（*The Mediaeval*

---

[1]　See Brian Tierney，*Medieval Poor Law：A Sketch of Canonical Theory and Its Application in England*，University of California Press，1959，pp. 1—6，43—66.

Hospitals of England,1909)、英国本笃会历史学者弗朗西斯·艾登·加斯凯特枢机(Francis Aidan Gasquet)所著《中世纪英格兰的堂区生活》(*Parish Life in Mediaeval England*,1906)、法国学者让·安贝尔(Jean Imbert)的《教会法中的善堂》(*Les Hôpitaux en Droit canonique*,1947)等。

以上研究成果虽并非以教会济贫法为专题,但其中相关问题都有所涉及,且有过不同程度的学术争论,这些争论主要集中在以下两点。

第一,中世纪教会的慈善活动中是否实行有差别的救济。持肯定观点的有埃尔勒枢机,他注意到了不少教父们都有主张在救济时务必审慎判断的观点,因此他大量援引这些教父们的论著选段,以证明自己的观点。[①] 阿什利爵士则持否定态度,他认为教会的理念鼓励人们盲目实行救济,人们追逐慈善活动的动机,乃是为了获得来世的益处。他还认为,这种鲁莽的行为只会加重贫穷,而修道院正是其中的罪魁祸首。[②] 韦伯夫妇的观点接近阿什利爵士,他们认为,中世纪有一种主流趋势认为布施和守斋、祈祷一样,都是一项虔敬的行为,这种认识是站在施予者一方的立场来看待,而全然遗忘了对受施者一方的考量。[③]

第二,有关中世纪济贫机构的收益无法得到妥善使用的问题。阿什利爵士认为,教会对于什一税用途规定的传统,到了12世纪在许多地区早就遭到了遗忘,这导致了人们对收益的滥用。[④] 库尔顿则持相

---

① See Franz Ehrle, *Beiträge zur Geschichte und Reform der Armenpflege*, Freiburg-im-Breisgau,1881,pp. 18—24.

② See William Ashley, *An Introduction to English Economic History and Theory*, Part II,Longman's,1925,pp. 316,331,340.

③ See Sidney and Beatrice Webb, *English Poor Law*, Part I, Archon Books,1963, pp. 4—5.

④ See William Ashley, *An Introduction to English Economic History and Theory*, Part II,Longman's,1925,p. 309.

反的意见,他认为中世纪所有人都清楚什一税如何收取以及如何应用,但由于教会法学家的狡诈和教会普遍的堕落,导致在实践中贫民们无法主张他们应得的那部分。[1] 加斯凯特枢机乐观地认为,教会针对堂区救济贫民的立法得到了普遍的接受和贯彻。[2] 韦伯夫妇则悲观地指出,至 12 世纪,教会的什一税早已不再用于慈善事业,至 15 世纪末,挂名的堂区司铎早就不再将堂区收益中常规的一部分分发给贫民了。[3]

三、研究的材料

本书在研究中世纪教会济贫法这一主题时,主要使用了如下材料:

(一)《教会法大全》

《教会法大全》由《格氏律》《格里高利九世手谕集》《第六书》《克莱孟书》《编外卷》五部分组成。本书所使用的《教会法大全》是 1582 年的印刷本,包含了每一部分对应的标准注疏。

1.《格氏律》

《格氏律》由三部分组成。第一部分由 101 个类别(distinctiones)组成,前 20 个类别探讨广义上的法、不同类型的法,特别是教会的法律和习惯,这些类别常常被称作《法论》(Tractatus Decretalium)。其余 81个类别包含了规范任命、授品、资格、圣职人员义务等问题的规则,这些类别被称作《圣秩论》(Tractatus Ordinandorum)。第二部分由 36 个案例

---

[1]　See George Gordon Coulton, *Five Centuries of Religion*, *Vol. III*, Cambridge University Press, pp. 198—214.

[2]　See F. A. Gasquet, *Parish Life in Mediaeval England*, Benziger brothers, 1906, p. 84.

[3]　See Sidney and Beatrice Webb, *English Poor Law*, *Part I*, Archon Books, 1963, p. 3.

(causae)组成,每个案例包含数个问题(quaestiones),每个问题下有若干条教会法规,这部分举例说明了法律的实际运用,讨论的主题涵盖买卖圣职罪、教会程序法、宗教团体、异端、誓言、婚姻等,也是全书最出众之处。这一部分中的案例 33 因篇幅相对过长而显得与众不同,其主题关于悔罪,故而被称作《悔罪论》(Tractatus de Poenitentia)。第三部分通常称作《论圣事》(De Consecratione),由 5 个类别组成,讨论教会的圣事及其正确管理。有关教会的济贫法,集中在《格氏律》的前两个部分中。

《格氏律》的法规囊括了从初期教会直到 12 世纪拉特朗大公会议以来的教宗手谕、会议决议、教父作品选段、圣经选段乃至世俗法律。格拉蒂安解读这些法规,在引文之间插入自己的评注——即"格拉蒂安如是说"(dicta Gratiani)——对各类意见加以分析,调和互相对立的观点,得出结论。

20 世纪末,耶鲁大学历史学学者安德斯·温罗思(Anders Winroth)在对照了一直被误认为是《格氏律》删节版的四个中世纪抄本以及近年在法国国立图书馆发现的一页抄本残页后,断定这些是格拉蒂安编订《格氏律》的初版,而现今广为人知的《格氏律》通行版是在初版完成后不断扩充添加的结果。[①] 温罗思的这一发现如今已经成为定论。为避免行文中出现混淆,本书所使用的《格氏律》是现在的通行本,因为格氏律学者的评注都是建立在通行本之上。

2.《格里高利九世手谕集》

《格里高利九世手谕集》由五卷组成。第 1 卷下设 43 题(titulus),内容涵盖教会法律的权威性、主教的选举、调任和辞职、总执事的职务、

---

① See Anders Winroth, *The Making of Gratian's Decretum*, Cambridge University Press, 2004, pp. 9—33. 温罗思将《格氏律》初版的作者命名为格拉蒂安 A,《格氏律》通行本的修订者命名为格拉蒂安 B,他指出尚无证据可以证明这两人不是同一人。

司法机关、教会法官、代理人、仲裁人等;第2卷下设30题,内容涵盖民事诉讼中的证人制度、法律推定、时效、上诉等;第3卷下设50题,内容涵盖圣职人员的职责、俸禄、圣职委任、圣职团、堂区、什一税、誓言、隐修士、教会圣事等;第4卷下设21题,主要针对婚姻制度;第5卷下设41题,内容涵盖刑事诉讼中的指控、审讯、圣职买卖、异端、杀人行为、绝罚、判决等。有关教会的济贫法主要集中在第2卷和第3卷。

3.《第六书》

《第六书》由五卷组成,其体例与《格里高利九世手谕集》相似。第1卷下设20题,内容涵盖天主教信理、宪章、复文、选举、圣职人员的子女、重婚、代牧、宗座使节等;第2卷下设15题,内容涵盖民事诉讼中的法官、诉讼当事人、誓言、证据制度、上诉等;第3卷下设24题,内容涵盖圣职人员的职责、教会财产、遗嘱、什一税、献仪、修会、修会机构、保教人等;第4卷下设3题,主要针对婚姻制度;第5卷下设12题,内容涵盖刑事诉讼中的指控、异端、裂教、高利贷、特权、补赎、制裁方式等。有关教会的济贫法主要集中在第3卷。

4.《克莱孟书》

《克莱孟书》由五卷组成,体例与《格里高利九世手谕集》和《第六书》相似。第1卷下设11题,内容涵盖教会信理由、复文、选举、圣职人员的资格、代牧、宗座使节等;第2卷下设12题,内容涵盖民事诉讼中的法官、诉讼当事人、证据制度、誓言、审判、上诉等;第3卷下设16题,内容涵盖圣职人员的职责、教会财产、遗嘱、葬仪、什一税、修会、修会机构、教会圣事等;第4卷下设1题,主要针对亲属法;第5卷下设11题,内容涵盖犹太人、萨拉森人、异端、故意杀人、过失杀人、高利贷、特权、补赎、制裁等。有关教会的济贫法主要集中在第3卷。

5.《编外卷》

《约翰二十二世编外卷》由14题组成,内容涉及选举、宗座空缺、修会建筑、犯罪、制裁方式等。其中有关教会的济贫法在第 7 题中。《普通编外卷》仍然是五卷的体例。第 1 卷下设 9 题,内容涵盖选举、权威、代理等;第 2 卷下设 2 题,主要针对民事诉讼制度;第 3 卷下设 13 题,内容涵盖圣职人员的职责、葬仪、什一税、修会建筑等;第 4 卷空缺;第 5 卷下设 10 题,内容涵盖买卖圣职、犹太人、异端、裂教、盗窃、特权、绝罚等。有关教会的济贫法在第 3 卷中。

(二) 标准注疏

条顿人约翰(Johannes Teutonicus),1220 年之前在博洛尼亚学习和教授教会法。约翰于 1215 年左右针对《格氏律》所作的评注,在 1240 年左右经由另一位教会法学家布雷西亚的巴托罗缪(Bartholomeus Brixiensis)修订,成为了《〈格氏律〉标准注疏》。

13 世纪的教宗手谕学者帕尔玛的伯尔纳德(Bernardus Parmensis),早年在博洛尼亚学习教会法,后成为博洛尼亚主教座堂圣职团一员,同时也是教宗英诺森四世(Pope Innocent IV)和教宗亚历山大四世(Pope Alexander IV)的专职司铎。伯尔纳德针对《格里高利九世手谕集》所作的评注,经另一位教会法学家约翰·安德烈(Johannes Andreae)修订,成为了《〈格里高利九世手谕集〉标准注疏》。

活跃于 14 世纪的约翰·安德烈和其他教会法学者不同,他是一位平信徒,在博洛尼亚大学任教。他本人于 1301 年左右和 1322 年先后完成了针对《第六书》和《克莱孟书》的评注,后成为了《〈第六书〉标准注疏》和《〈克莱孟书〉标准注疏》。

卡萨尼的赞泽林(Zenzelinus de Cassanis)是蒙彼利埃大学教会法和罗马法的教师,同时他也在阿维尼翁的教廷中服务。他于 1325 年针对《约翰二十二世编外卷》完成的评注,后成为了《〈约翰二十二世编外卷〉标准注疏》。《普通编外卷》则无标准注疏。

（三）其他教会法学家的评注

除了五大标准注疏外，还有其他一些非常重要的教会法学家评注。

1. 格氏律学者的评注

在教宗手谕学者出现以前，格氏律学者是 12 至 13 世纪教会法研究的中坚力量。这些教会法学家对《格氏律》的评注有一个普遍使用的名称——《概述》（Summa）。已知最早的格氏律学者是保卡帕雷亚（Paucapalea），他据信是格拉蒂安的学生。但有关其生平详情后人也所知不多，他可能是一名在博洛尼亚讲授教会法的圣职人员。他在博洛尼亚的活跃时间大概是在 1146 年至 1165 年间。他遗留下的《概述》是已知最早的针对《格氏律》的评注集。由于该《概述》中针对《格氏律》第一部分类别 63 的论述中参考了一封 1146 年教宗尤金三世（Pope Eugene III）的法令，因此该著作的诞生不会早于 1146 年。这部《概述》的篇幅不大，简洁明了，为后来的《格氏律》学者在编订他们的概述文献时所引用。据信，《格氏律》的第一部分被划分为 101 个类别，也是出自保卡帕雷亚之手。此外《格氏律》内目前已被学者辨认出的 100 多条被称为"谷皮"（palea）的衍文，据信也是保卡帕雷亚的杰作，而且谷皮一词得于 Paucapalea 一名。①

随着《格氏律》的成功，越来越多的学生从阿尔卑斯山以北和欧洲大陆海外的地区前往博洛尼亚学习教会法。那个时代，博洛尼亚已经以罗马法研究中心蜚声欧洲，并且也很快发展成为教会法的研究中心。12 世纪后半叶在博洛尼亚研习教会法的第一代《格氏律》学者中知名者还有罗兰（Rolandus）、鲁费努斯（Rufinus）、图尔奈的斯蒂芬

---

① See Rudolph Weigand, *Glossatoren des Dekrets Gratians*, Goldbach: Keip Verlag, 1997, pp. 1—22.

(Stephanus Tornacensis)、比西尼亚诺的西门(Simon Bisinianensis)，以及成就最大者比萨的乌古乔(Huguccio Pisanus)。

罗兰的活动时期大约是在 12 世纪 50 年代。19 世纪的学者曾将罗兰和名为罗兰·班迪内利(Rolandus Bandinelli)者、后来的教宗亚历山大三世(Pope Alexander III)视为同一人。但是美国学者约翰·努南(John T. Noonan)和德国学者鲁道夫·魏刚(Rudolf Weigand)运用充分的史料论证，推翻了这一观点。罗兰也著有针对《格氏律》的《概述》，以及大量的散布在 12 世纪《格氏律》抄本页边的释义文献。[1]

与罗兰同时代的《格氏律》学者有鲁费努斯，他所著的《概述》被库特纳称为博洛尼亚教会法学派第一部集概述与注释于一体的大型著作，在篇幅和细节方面超越了前人。同时鲁费努斯亦遗留下来不少散布在《格氏律》抄本页边的释义文献。[2]

继鲁费努斯之后，他的学生图尔奈的斯蒂芬成为教会法学研究的领军人物。斯蒂芬大概于 1128 年出生在法兰西的奥尔良。12 世纪 60 年代，他在博洛尼亚进行教会法的研究和讲授，并留下了他的《概述》以及释义文献。[3]

12 世纪 70 年代有影响力的《格氏律》学者有比西尼亚诺的西门。库特纳注意到他可能是一个极少在其《概述》中引述前辈学者论述的教会法学者。他大概在 1177 年至 1179 年间完成了他的《概述》。[4]

12 世纪最后一批《格氏律》学者中，成就最大者乃是乌古乔。乌古乔

---

[1]　See Kenneth Pennington and Wolfgang P. Müller, "The Decretists: the Italian school", in Wilfried Harmann and Kenneth Pennington, eds., *The History of Medieval Canon Law in the Classical Period*, *1140—1234*, Washington D. C. : The Catholic University of America Press, 2008, pp. 131—133.

[2]　Ibid., pp. 135—136.

[3]　Ibid., pp. 136—137.

[4]　Ibid., pp. 140—141.

可能生于比萨(Pisa),1190 年当选为费拉拉(Ferrara)的主教。在此之前,他在博洛尼亚研习并讲授教会法。早年他曾针对《格氏律》写作大量注释,大概在 1180 年至 1190 年间,他完成了自己的《〈格氏律〉概述》。乌古乔的这部著作篇幅浩大,超越所有前人的概述,并且一跃成为当时极具权威性的概述。乌古乔本人也被视作最伟大的《格氏律》学者。①

2. 教宗手谕学者的评注

随着教宗发布手谕数量的不断增多,以及《格里高利九世手谕集》的颁布,许多教会法学家开始转而研究教宗手谕。这些教宗手谕学者采用和格氏律学者相同的研究方法,只是所评注的对象从格氏律变为了教宗手谕。13 世纪中教宗手谕学者中极具影响力的有教宗英诺森四世和塞古西奥的亨利(Henricus de Segusio)。

英诺森四世不仅是一位有强烈政治野心的教皇,同时也是一位杰出的教会法学家。年轻时,他曾在博洛尼亚学习教会法,因为出色的成就而得以于 1226 年进入罗马教廷工作。他在继位后开始针对《格里高利九世手谕集》撰写评注。他的评注完成于 1250 年,因其言简意赅而又不失精妙,成为当时教宗手谕学者中最具影响力的著作之一。②

塞古西奥的亨利早年也在博洛尼亚学习教会法和罗马法,后赴巴黎任教,在那里他可能受到了多明我会神学家圣谢尔的休(Hugh of St. Cher)的影响,这在他后来的著作中有明显的体现。亨利于 1262 年被任命为奥斯蒂亚(Ostia)的枢机主教,因此他又以 Hostiensis(拉丁

---

① See Kenneth Pennington and Wolfgang P. Müller, "The Decretists: the Italian school", in Wilfried Harmann and Kenneth Pennington, eds. , *The History of Medieval Canon Law in the Classical Period*, 1140—1234, Washington D. C. : The Catholic University of America Press, 2008, p. 142.

② See Brian Tierney, *The Crisis of Church and State*, 1050—1300, Medieval Academy of America, 1988, p. 150.

语,意为"奥斯蒂亚的")一名而知名。他最知名的是于 1253 年之前撰写完成的法学理论巨著,被称为《黄金概述》(Summa Aurea)。亨利在晚年针对《格里高利九世手谕集》所撰写的评注,风格和其早年作品不同,具有排除世俗法、引入神学的特点,据信是因为早年在巴黎受到圣谢尔的休的影响。①

14—15 世纪杰出的教宗手谕学者有图德斯基的尼可洛(Nicolò de' Tudeschi)。尼可洛是本笃会修士出生,1405 年至 1406 年在博洛尼亚学习教会法,1411 年获得教律博士学位,并先后在帕尔玛(Parma)、锡耶纳(Siena)和博洛尼亚任教。1434 年,他在西西里国王阿尔方索五世(Alfonso V of Aragon)处服务,1435 年被任命为巴勒莫(Palermo)主教,因此他以 Panormitanus(拉丁语,意为"巴勒莫人")一名而闻名。他曾先后为《格里高利九世手谕集》《第六书》《克莱孟书》撰写评注。②

四、思路与体例

由于中世纪教会法学家的评注集是中世纪教会法的组成部分,因此笔者将法律文本与评注相结合进行论述;又由于教会法具有不可分割的特点,笔者在考察中世纪教会济贫法的问题时,同时参考了教会法中的行政法、民事性法律、诉讼法等法律分支。笔者从中世纪教会法语境下的贫穷观入手,探讨中世纪教会济贫法中的各项制度与原则。

除去导言和结语,本书下设五章。第一章从教会法语境下的贫穷

---

① See Roger E. Reynolds, "*Church Law in the Cental Middle Ages*", in Rodney L. Petersen and Calvin Augustine Pater eds. , The Contentious Triangle: Church, State, and University: A Festschrift in Honor of Professor George Huntston Williams, Truman State University Press, 1999, p. 124.

② See Johann Friedrich von Schulte, *Die Geschichte der Quellen und Literatur des canonischen Rechts von Gratian bis auf die Gegenwart*, T. II, F. Enke, 1877, pp. 312—313.

观入手,回顾罗马法语境下的贫穷,以及从《圣经》开始教会各类重要代表人物的贫穷观,继而引出中世纪教会法学家的思想,并进一步带入教会法对贫民基本权利保护的内容。这一章针对基本权利中获得救济权和社会经济权中的受教育权进行讨论。第二章重点探究教会法对贫民的财产权的保护。这一部分首先回溯了中世纪社会中贫民生活和财产的状况;其次探讨了格氏律中有关财产公有和私有之间矛盾的权威规定,以及教会法学家对此的解答;再次,阐释了教会法学家是如何将他们对财产公有、私有矛盾的解答,运用到他们的济贫法思想中去的。第三章着重对中世纪教会济贫法中慈善问题进行了考察。慈善是中世纪教会济贫法中的核心。由于慈善关乎着施予者和受施者这一对之间的关系。因此本章从施予者和受施者两个角度入手研究这一问题,阐述教会法学家所创设的各类规则。第四章重点关注了教会的济贫机构。根据济贫机构的三种类型——堂区、修道院和善堂。笔者逐一追溯了这些机构的历史,并分析了中世纪的教会法是从哪些角度对这些机构进行立法的。在第五章中,笔者思考了中世纪教会济贫法式微的原因。其原因是多方面的。除此之外,本章还考察了中世纪教会济贫法的影响。通过比较分析的方法,将教会的济贫法与英格兰的中世纪济贫法进行比较研究,探究了教会法的元素在英格兰中世纪济贫法中的延续。全书末尾附上简要的教会法发展史(见附录一),希望能使读者对教会法律的历史脉络有一个大概的了解。

　　本书每章围绕某一相关主题展开论述,而不刻意追求系统性,如此安排实是由于中世纪教会济贫法本身特性所决定。尽管如此,笔者仍竭尽全力对其作较为全面的阐述。同时,着力采用法律史的研究方法,力求避免以今论古的尴尬。总而言之,笔者希望本书能为今后进一步的相关学术研究提供线索和基础。

第一章　教会法上的贫穷

何谓贫穷？拉丁语中用来表述贫穷的单词是 paupertas，这个单词最初是表示出产贫瘠的意思，但最终却被用来形容最广义上的贫穷，这和通行本拉丁语《圣经》的翻译有关。在翻译拉丁语《圣经》的过程中，原本希伯来语和希腊语中诸多用来描述各种贫穷状态的词语，逐渐为不多的几个拉丁语单词所替代。这些单词除了 paupertas，还有 egens 和 indigens，用来表述匮乏或需要某种东西的状态；inopialinops，用来表述荒芜或者和物资充足相反的状态；mendicus，形容因为肢体残疾或身体羸弱被迫乞讨的状态。但其中使用得最为频繁的是 paupertas 一词。在中世纪文学中，用来描述 pauper 的近义词则有很多，如 esuriens 和 famelicus，指缺乏食物的状态；nudus，指衣不蔽体的状态；caecus(失明)、claudus(跛足)、contractus(畸形)、leprosus(感染麻风病)、senex(年老)，指身体的各种缺陷和健康的不足；miserabilis，意思是可怜的，最初用来指代孤寡；impotens，泛指一切力量或能力上的不足；ignobilis，指出身低贱。

对贫穷的概念进行科学的界定是很难的。因为贫穷本身就是一个变量。笔者认为，对贫穷的界定，应该依据时代的特征进行，要进行总括式的定义是不可能的。法国历史学者米歇尔·莫拉(Michel Mollat)在欧洲中世纪史的语境下，将贫穷表述为一种软弱、依赖或屈辱的状态，这种状态可以是长期的，也可以是短暂的。生活在这种状态下的人，缺乏物质资料、力量以及社会尊严，这包括钱财、关系、影响力、权力、知识、技术、体力、个人的自由与尊严等。①

中世纪的教会法又是如何界定贫穷这一概念的？在研究教会的济贫法之前，笔者认为有必要先探讨教会法语境下的贫穷，因为这是一切有关教会济贫问题的出发点。同时，基于历史的延续性以及教会法与罗马法之间紧密的联系，笔者认为首先梳理历史上罗马法对贫穷的界定，于正本清源有所裨益。

一、罗马法语境下的贫穷

无论是在正式的法律文件中，还是在罗马法学家的著述中，pau-pertas 并非是表示贫穷的唯一、范式化的书面用语。在许多文本中，立法者与学者们也会使用其他一些单词。这种随意性从一个方面折射出，贫穷并非是罗马法律人所热衷探讨的问题。实际上，一直到古典罗马法时期，他们也从未将贫民视为某一特定的阶层，即使他们在专业问题上的探讨涉及相关主题，也常常是在不经意间作出的。

罗马法学家们往往在关注因为缺乏钱财而导致某种实在的法律效果时提及贫穷。例如，盖尤斯（Gaius）认为，针对匮乏钱财者的诉讼是毫无用处的。② 莫迪斯蒂努斯（Modestinus）将贫穷视为合伙解散的法律依据。③ 而乌尔比安（Ulpian）认为，富人和穷人之间的合伙在法律上是有效的，穷人可以通过提供体力劳动来弥补资金上的不足。④ 此外，保罗（Paulus）认为，贫穷可以成为无法胜任监护权的事由。⑤ 公元

---

① See Michel Mollat, *The Poor in the Middle Ages: An Essay in Social History*, translated by Arthur Goldhammer, Yale University Press, 1986, p. 5.

② D. 4. 3. 6.

③ D. 17. 2. 4. 1.

④ D. 17. 2. 5. 1.

⑤ D. 27. 1. 40. 1.

3 世纪晚期,帝国后期的罗马法学家赫尔摩格尼亚努斯(Hermogenia-nus)对贫穷下了一个具体的定义,他写道:"……由于贫穷,即持有少于50 奥利斯。"①但现代学者对此有不同的看法,他们引述《学说汇纂》(Digesta)中乌尔比安提及 50 奥利斯的类似情况,而这一笔费用却是指原告传唤被告于法庭却无力追诉时所要支付的罚金。他们指出,赫尔摩格尼亚努斯仅仅是想表示无力支付 50 奥利斯的人无法就刑事案件提出控告,并非是针对"贫穷"一词作出定义。②

到了公元 336 年,君士坦丁皇帝(Constantine)颁布了一条敕令(CTh 4.6.3),禁止社会地位高的男性与地位低下的女性缔结婚姻。按照罗马法,元老院成员、高级官员等身居高位者,如若将遗产或财物赠予与其地位毫不相称的配偶所生子女,会面临丧失罗马市民权对其社会地位、可观的财产以及家室所赋予的保护的风险。罗马法对上层社会的成员如何处分其财产、缔结婚姻、继承遗产等都做了细致的规定,这么做的目的或是出于维持上层社会的内聚性。君士坦丁皇帝的该条敕令便是列举了禁止上层社会男性与之缔结婚姻的女性类型。包括女性奴隶、由奴隶身份解放的自由妇、女伶、上述三类人的女儿、普通的女性商贩以及淫媒和角斗士的女儿,除了以上几类外,在敕令禁止之列的还有一类被称为"卑微而低贱的女性"(humilis vel abiecta)。恰恰是这最后一类人,由于立法术语本身的模糊,在实践中造成了困扰,其主要的争议焦点在于,贫民是否应该归入"卑微而低贱"一类。因此在公元 454 年,马西昂皇帝(Marcian)颁布敕令,对这一问题进行了解答。他在敕令中试图阐明在法律实践中应该如何明确"卑微而低贱的女

---

①   D. 48.2.10.

②   See Caroline Humfress, "Poverty and Roman Law", in Margaret Atkins and Robin Osborne eds., *Poverty in the Roman World*, Cambridge University Press, 2006, pp. 197—198.

性"。"卑微而低贱"是否等同于贫穷？答案是否定的。马西昂皇帝企图追溯君士坦丁皇帝立法时的背景。在他看来，在君士坦丁时代拥有财富已被视为一种命运的丰盛馈赠，而非拥有德行的明证，因而贫穷并非可耻之事。他进而指出"卑微而低贱的女性"应该理解为是囊括了原敕令前文中所罗列的各类妇女。马西昂皇帝的敕令看似对贫穷作了某种程度上的定义，但现代的学者有其不同的看法。他们通过文本考证指出，马西昂皇帝敕令中所用的"贫穷"一词，并非是真正的一贫如洗，而是那些与富人比较相对贫穷但仍然拥有一般生活资料的人。现代学者进而提出，想要概括性地提炼出罗马法学家们对贫穷的认识，易于导致在理解上产生偏差，法律文本中的"贫穷"与"贫民"必须在具体的历史与社会语境下进行解读。[①]

二、教会法上贫穷观的形成

罗马法语境下的贫穷实乃一笔糊涂账，要想简单地解读殊为不易。而纵然教会法与罗马法之间有着千丝万缕的联系，在贫穷观这一主题上，两者之间的承继关系几乎可以忽略不计。不过，罗马法的确为中世纪教会法学家的研究提供了素材，这将在后文中加以叙述。

教会法上的贫穷观并不源自罗马法，而是与教会长久以来对贫穷的观念有关，因此有必要先了解这一背景。

（一）《圣经·新约》中的贫穷观

教会传统的贫穷观可以追溯到《圣经·新约》，这方面的记载有很多。如基督在传道时，就特别重视贫民。在山中圣训时，他褒扬贫民：

---

① See Caroline Humfress, "Poverty and Roman Law", in Margaret Atkins and Robin Osborne eds., *Poverty in the Roman World*, Cambridge University Press, 2006, pp. 202—203.

"你们贫穷的是有福的,因为天主的国是你们的。"①在纳匝勒讲道时,他又引用《旧约·依撒意亚先知书》中的话:"上主的神临于我身上,因为他给我傅了油,派遣我向贫穷人传报喜讯。"②耶稣的弟兄雅各伯在书信中也写道:"贫贱的弟兄,要因高升而夸。"③

对待贫穷的态度也表现为对待财富的态度。耶稣曾多次警告持有过多财富的危险,在山中施教时,他教导说:"你们不能事奉天主而又事奉钱财。"④此外,他在回答富少年有关承受永生的问题时,有过一则相当著名的教导:"那些有钱财的人,进入天主的国是多么难啊!骆驼穿过针孔,比富有的人进入天主的国还容易。"⑤宗徒保禄在给罗马教会的书信中写道:"你固执而不愿悔改,只是为自己积蓄,在天主忿怒和显示他正义审判的那一天,向你所发的忿怒。"⑥在给格林多教会的书信中,他又写道:"因为你们知道我们的主耶稣基督的恩赐:祂本是富有的,为了你们却成了贫困的,好使你们因着他的贫困而成为富有的。"⑦

不难发现,囤积财富、财产私有在《圣经》中是受到谴责的行为,而贫民却受到了举扬。《圣经》中的态度,决定了后世教会贫穷观的形成,而这也是后世信徒自愿选择贫穷的源头所在。

(二)古代晚期的贫穷观

1. 修道主义的兴起

受到《圣经》的启示,初期教会一部分基督徒放弃尘世生活,选择拥

---

① 《新约·路加福音》第 6 章第 20 节。本书所引用圣经为天主教思高本。
② 《新约·路加福音》第 4 章第 18 节。
③ 《新约·雅各伯书》第 1 章第 9 节。
④ 《新约·玛窦福音》第 6 章第 24 节。
⑤ 《新约·路加福音》第 18 章第 24 至 25 节。
⑥ 《新约·罗马人书》第 2 章第 5 节。
⑦ 《新约·格林多后书》第 8 章第 9 节。

抱贫穷,他们力图效仿基督的举措成为修道主义兴起的动因。修道主义最初兴盛于东方,起先是个别人进入埃及等地的荒野中单独生活,其中出现了两位有影响力的领袖——圣安东尼(St. Anthony)和圣帕克米乌斯(St. Pachomius)。他们的禁欲苦行赢得了广泛的赞誉,吸引了越来越多的追随者定居旷野以靠近他们生活,逐步发展为多人组成的团体。修道主义发展成熟的标志之一是凯撒利亚的巴西略(Basil of Caesarea)制定的规章,他要求修士们一同起居,一同进食,一同劳动,恪守贞洁与贫穷。巴西略的这些理念随后又传入了西方教会,影响了诸多人士。在西欧教会,与巴西略齐名的是努西亚的本笃(Benedict of Nursia),他在罗马与那不勒斯之间的卡西诺山(Monte Cassino)创立了一个修道团体。公元520年他为修士们制定了一份会规,要求他们过清贫、贞洁、顺从的生活,这份会规后来成为天主教会修道的典范。从修道主义兴起这一事件中,可以看到,清贫的生活已被视为一种效仿基督的理想生活。

2. 教父们的贫穷观

古代晚期教父中,金口约翰(John Chrysostom)对贫穷的看法对教会的贫穷观产生了很大的影响。金口约翰生于叙利亚的安条克(Antioch),在成为君士坦丁堡的宗主教之前,他只是安条克的一名神父。在此期间,他曾就《新约·路加福音》中富翁和乞丐拉匝禄的故事作了七篇布道辞,阐述了他对贫穷和财富的看法。金口约翰认为,耶稣以这个故事为比喻,是为了告诫人们,没有德行的财富毫无价值,而贫穷并不意味着坏处。金口约翰将贫穷和财富的探讨和德行挂钩,他解释说,天主使有些人贫穷,是为了通过贫穷涤除他们灵魂中的罪恶,而富人则没有这剂灵魂的良药。贫穷教导人们智慧,帮助人们走出不幸,而财富则没有这种功效。[1]　而在他针对《新约·希伯来书》的布道中,提及那些

---

①　See Bonnie L. Pattison, *Poverty in the Theology of John Calvin*, Wipf & Stock Pub,2006,pp. 30—32.

在安条克周围苦修的人士在动乱的时代离开隐居之处，进入城市和官员斡旋的事情，他形容这些苦修的人为天使下凡，作为调停人，他们比君士坦丁堡派来的官吏更具权威。金口约翰视他们为人的外形，天使的内在，过着终日祈祷的安静生活，距离天国仅咫尺之遥。[①] 显然，在金口约翰的眼里，贫穷并不意味着灾难和不幸，相反却是一种为人极有益处的状态，能够帮助人们实践美德。对那些主动努力实践清贫生活的人，金口约翰不吝赞美之词。他的意图乃是提倡人们接受贫穷。

和金口约翰相似，拉丁教父们也对贫穷表示肯定。他们中甚至有人主动积极追求贫穷的生活。如米兰的安布罗斯（Ambrose）曾在巴勒斯坦的旷野中修行过一段时间，而另一位教父奥古斯丁（Augustine）在米兰皈依了大公教会后，主动和他的伙伴们过起了克己的修道生活。

（三）13 世纪以前的贫穷观

1. 克吕尼会、嘉笃西会、熙笃会

由于修道院财富的增多，7 世纪至 8 世纪，修道主义遭遇了危机，修士们的纪律遭到了破坏。10 世纪时出现了波及相当广泛的克吕尼运动，企图恢复传统的修道生活。克吕尼修会最初的面貌非常好，贫于财产，却富于友爱。后期随着王公贵族们源源不断的馈赠，克吕尼修会积累了庞大的财富。在财富的支撑下，克吕尼的修士们往往饱腹学识，无论在教会还是世俗社会中都发挥着重要的作用。克吕尼的修士们虽然在财产上很是富有，却强调自己的"贫穷"。他们视自己为"基督的穷人"（pauperes Christi）[②]——精神上的清贫者。这种清贫不是财产上

---

① See Pauline Allen, Bronwen Neil & Wendy Mayer, *Preaching Poverty in Late Antiquity: Perceptions and Realities*, Evangelische Verlagsanstalt, 2009, p. 96.

② 这是一个非常古老的词组，用来形容那些自愿选择贫穷生活的修道者。

的匮乏,而意指面对强权的弱小。英国历史学者莱斯特·K. 里特尔
(Lester K. Little)指出,这与加洛林时代晚期社会中的权力与武力问
题不无关联。克吕尼的修士们往往是骑士阶层出身,是交出武器、自甘
成为弱小("贫穷")的人。因此他们自觉财富和贫穷之间并无对立,故
而他们心安理得地在物质充足的环境中修道。[1]

　　财富的增多使得克吕尼会步上前人后尘,走向腐败。为了革除积
弊,西欧社会又建立了若干新的修会,其中重要的有嘉笃西会(Carthu-
sians)与熙笃会(Cistercians)。嘉笃西会于 1084 年由科隆的布鲁诺
(Bruno of Cologne)创立。该会的修道院选址常常远离城镇,故而具有
隐士气质。嘉笃西会以持守贫穷为傲,其第五任会长圭戈一世(Guigo
I)曾生动地描述自己修会教堂的简朴风貌,除圣爵外,无任何金银之修
饰,亦无织锦挂毯等物。布鲁诺与圭戈常常提醒修士们抵御心中的贪
念。布鲁诺曾撰写布道辞谴责世间财富,他把耶稣关于骆驼难以穿过
针眼的比喻解释为暗喻贪婪之人难以逃出贪婪之口。圭戈则禁止修士
们拥有超出维持个人生活所需的财产。[2]

　　莫莱姆的罗伯特(Robert of Molesmes)则带领一批修士来到熙笃
(Citeaux),在那里建立了一个严格遵守本笃会会规的修道院。熙笃会
坚持朴素清贫的生活,摒弃一切奢侈的行为。而在这场风潮的背后,有
着 12 世纪最伟大的宗教领导人之一明谷的伯尔纳德(Bernard of
Clairvaux)的激励。他于 1115 年在明谷建立了熙笃会的分院,按照圣
本笃拟定的规章,恪守清贫、节制的生活。这个修道团体甚至拒绝接受
来自封建领主们的馈赠,修道院的建筑力求简单,不加装饰。[3]　在体制

---

　　[1]　See Lester K. Little, *Religious Poverty and the Profit Economy in Medieval Eu-rope*, Cornell University Press, 1983, p. 68.

　　[2]　Ibid., pp. 86—87.

　　[3]　See Brian Tierney and Sidney Painter, *Western Europe in the Middle Ages*, 300 — 1475, 6th ed., McGraw-Hill Humanities, 1998, pp. 299—300.

上,熙笃会有别于此前的一切修会,是等级森严的政治体制,这和伯尔纳德本人的理念有关。但伯尔纳德的贫穷观仍然承袭了传统。他深信,天国是属于穷人的。但他所说的穷人,乃是指自愿贫穷的人,伯尔纳德用"基督的穷人"一词来称呼他们。而那些身陷贫穷却仍心系个人事务的——即非自愿贫穷的人——伯尔纳德认为他们无法继承天国。[1] 伯尔纳德的贫穷观相比前人,已经有了一定的差异。他关注到了前人很少触及的非自愿贫穷的话题,但是看起来,他对非自愿贫穷的人的态度不是特别友好。

2. 方济各会与多明我会

到了 12 世纪末,11 世纪出现的新兴修会都开始走下坡路,他们像此前的本笃会和克吕尼会一样堕落下去,为 13 世纪新兴的托钵修会所接替。不像克吕尼会那样从封建贵族中吸收成员,托钵修会的成员来自于平民。

亚西西的方济各(Francis of Assisi)在其中扮演着极具影响力的角色。他本是亚西西一位富商的儿子,有着美好的人生并有着成为骑士贵族的梦想,但后来因为伤病的折磨使得他在内心上发生了变化。1206 年在亚西西的圣达弥益教堂(St. Damien)中发生的戏剧性一幕,使他做出了弃绝他父亲和其所有财产的惊人决定。从那时起,他到处流浪,宣讲宗徒生活的美德。方济各本人应是一个具有非凡人格魅力的人物,后世历代都赞扬他的单纯、简朴、对贫穷的投入、对大自然的深切感情。很快他就有了一批追随者,他为他们制定了一套简单的规则,但与过去修会的会规有所区别的是,方济各的规则尤其强调过严格清贫的生活,修道者不能拥有任何形式的个人财产,只能保留维持生活所需的基本物资。

---

[1]　See Lester K. Little, *Religious Poverty and the Profit Economy in Medieval Europe*, Cornell University Press, 1983, p. 94.

方济各对贫穷的理念乃是对基督教经典《圣经》的回归和效仿,他要求修士们外出行乞、传教,只穿会服,不带包裹、钱财乃至拐杖。这一形象正应和了《新约·玛窦福音》中耶稣对门徒外出传道的命令。同时,方济各在教导修士们为过清贫生活放弃物质财富的同时,还要求他们放弃对权力的幻想,这又是以宗徒领导下的基督教团体的生活为基础的。①

与方济各会同时期创立的另一个大的托钵修会,是西班牙的多明我(Dominic)创立的多明我会。多明我会的修士和方济各会一样,生活在城市内,这和那些古老的隐修会选择在偏僻地区出世修行是不同的,托钵修会在入世中过着追随基督的理想清贫生活,不是为了获得土地和物质财富,而是藐视依赖馈赠生活并提倡依靠施舍过活。但多明我会和方济各会的不同之处在于,他们特别重视传教,视传教为最基本任务,因此多明我会的修士们必须掌握神学知识,他们还为此建立了许多不同等级的学校。② 多明我会修士托马斯·阿奎那(Thomas Aquinas)正是在这样的背景下取得了他在神学上的极高成就。

阿奎那在《神学大全》中也有关于贫穷的论述,他认为修会的目的是致力于爱德的完善,这需要人们使自己的感情完全脱离俗物,而自愿贫穷使人过一无己物的生活,这是为成就爱德的完善的首要基础。来生的真福是要靠爱德的引导来取得的,既然自愿贫穷是一种有效的训练,使爱德臻于完善,所以它为取得来生的真福是有益的。③ 同时,阿奎那认为,非自愿贫穷是偷窃、欺诈、背叛的机会,人会为了躲避这种赤贫而选择作恶,而自愿贫穷则没有这种危险。④

---

① See Brian Tierney and Sidney Painter,*Western Europe in the Middle Ages*,300—1475,*6th ed.*,McGraw-Hill Humanities,1998,pp.361—362.

② Ibid.,pp.365—366.

③ Summa Theologica ll—ll 186.3.

④ Summa Theologica III 40.3.

（四）教会法学家的贫穷观

通过前文的梳理，可以看出，教会对贫穷的观念有着从《圣经》开始就一脉相承的传统，带有积极乐观的基调，侧重甚至夸大强调贫穷是一种有益于人的状态，具有促使人实践美德的功效，不应该是令人唯恐避之不及的灾祸和不幸。当然，这里的贫穷究其实质，乃是自愿贫穷的理想生活。而中世纪的教会法学显然比较实际。一方面，他们继承了这种传统的贫穷观；另一方面，他们又深受从 12 世纪伯尔纳德以来的观念影响。[1] 他们注意到了，除了自愿贫穷这样一种高尚生活，更多的人身处于非自愿贫穷之中。

1. 比萨的乌古乔的观点

作为中世纪教会法最重要的教科书和《教会法大全》的组成部分，《格氏律》本身对于贫穷的概念并没有明确的界定。对古典教会法贫穷观念的塑造贡献最大的是比萨的乌古乔。作为《格氏律》研究的集大成者，乌古乔在他著名的评注中对贫穷这一概念有一段非常精彩的叙述。

乌古乔的阐述引发自《格氏律》第 2 部分第 1 案例第 2 问。格拉蒂安所设计的这个案例原本是针对教会内部买卖圣职行为的探讨。案例的情节如下：

> 某人有一子，他将其子送入一间极富有的修院。为了院长与修
> 士们接纳其子，他遵照他们的要求支付了十镑，但其子因年幼的缘

---

① 12 世纪的德国神学家莱歇斯堡的格霍（Gerhoh of Reichersberg）就曾以《新约·路加福音》中乞丐拉匝禄作为非自愿贫穷的人例子，而将基督的门徒作为自愿贫穷的例子。同样，法国神学家拉乌尔·阿登（Raoul Ardent）用"贫民"（pauperes）一词来指非自愿贫穷的人，以区别于作为"基督的穷人"的自愿贫穷者，See Michel Mollat, *The Poor in the Middle Ages: An Essay in Social History*, translated by Arthur Goldhammer, Yale University Press, 1986, pp. 103—104.

故，并不知道此事。男孩渐渐长大，随着时间的流逝，他长大成人，并领受了司铎的神品。最终他因为自身的出众被选为主教。男孩的父亲同意了他的选举，并赠予总主教麾下一员钱财。而男孩在浑然不知他父亲的同意以及赠予钱财的情况下被祝圣为主教。后来，他为了钱的目的祝圣了几位司铎，又免费给予其他人司铎的降福。最终，他在总主教的法庭上被控告和定罪。他接受了惩罚的判决。

格拉蒂安在这个案例下提出了七个问题。其中第 2 问问道：

> 对进入教会的人可以索要钱财吗？如果索要了钱财，必须给付吗？①

乌古乔所关注的，是格拉蒂安罗列在第 2 问下的 10 条教规中的第 9 条，来自公元 5 世纪高卢的教会圣职人员尤利安·波美里乌斯 (Julianus Pomerius)。这条教规这么写道：

> 被委任负责分配的司铎从人民处接受所要分配之物，并忠实地分配他所接受之物，既无贪婪之心，其虔敬又堪赞美。因为他将自己的一切留给他的父母，或是分给贫民，或是用于教会事务。并且，出于对贫穷的热爱，他将自己置于贫民之列，如此通过对贫民的服侍，他自己亦得以如同自愿贫穷者一般生活。那些生来贫穷的圣职人员，或是从他们的家中，或是从信众中接受生活的必需品，有着完善的德行。因为他们的接受并非是贪欲所致，而是生活

---

① C. 1, q. 2: Secundo, an pro ingressu ecclesiae sit exigenda pecunia, uel si exacta fuerit, an sit persoluenda?

需要所迫。宗徒就此说道:"为圣事服务的,就靠圣殿生活;供职于祭坛的,就分享祭坛上的物品。"要不是希望那些轻视他权利的人理解这点,他不会继续写道:"主也这样规定了,传福音的人,应靠福音而生活。"那些不愿意拥有个人财产的人,那些既没有也无意拥有个人财产而是共享的人,是遵照福音生活的。如果不是工人通过劳作领受生活的必须品,遵照福音生活是什么意思?无论怎样,那位如此教导福音,自给自足的宗徒自信地论及自己:"这些权利我一样也没有用过。"为什么他这么说,他揭示道:"因为我宁愿死,也不愿让人使我这夸耀落了空。"他说如果他从自己所教导的信众处收取世俗生活的开销,他的夸耀就落了空。因为他不愿意在今世而是愿意在来世接受他劳作的报酬。①

格拉蒂安插入的这条教规本身虽有涉及"自愿贫穷",但根据他在这一问末尾插入的简短评注来看,他的目的只是为了阐明,为进入修院收取或给付钱财是非法的。② 而乌古乔的目光则不仅局限于该条教规本身,他通过对"自愿贫穷"的评注,阐述了自己的贫穷观。他写道,有些人生来贫穷,但出于对天主的爱,自愿持守贫穷;另有些人施舍了自己所有的财产,跻身贫民的行列,以追随基督。这两种贫穷称为自愿贫穷。但还有第三类贫民,他们全然充斥着贪欲的渴求。乌古乔称这种贫穷为"有需求"(necessaria),其实指的便是非自愿贫穷。③ 乌古乔的

---

① C. 1,q. 2,c. 9.

② C. 1,q. 2,d. p. c. 10: Multorum auctoritatibus luce clarius constat, quod ab ingressuris monasterium non licet pecuniam exigere, ne et ille, qui exigit, et ille, qui soluit, symoniae crimen incurrat.

③ Guido de Baysio, Rosarium ad C. 1, q. 2, c. 9, fol. 125. quoted from Brian Tierney, *Medieval Poor Law: A Sketch of Canonical Theory and Its Application in England*, University of California Press, 1959, p. 142.

意思可以理解为,持守前两类贫穷是一种圣洁的生活,可以给人带来美德,而第三类贫穷则并不具备这种功效,甚至可能会带来副作用。

2. 条顿人约翰的观点

乌古乔的贡献在于,他将贫穷的问题从强调夸大其功效的探讨中剥离出来,成为一个可供在法学上探讨的主题。提起贫穷的问题,不再必然倾向于实践德行的问题。但教会法学家们也没有走向问题的另一个极端——对不能带来美德的非自愿贫穷予以谴责。教会法学家们也从未想过,通过制定和颁布法律来防止人们陷入贫穷。贫穷对于他们来说,并非是一种可耻的标记。对此进行深入探讨的是 12 世纪初的格氏律学者条顿人约翰。

约翰在他的《〈格氏律〉标准注疏》中对贫穷的问题有过一段精彩的分析。他的分析是针对《格氏律》第 2 部分第 2 案例第 1 问下的一条罗马法条文的评注。格拉蒂安原本设计的案例情节如下:

> 某位平信徒控告某主教身体上的失检。有两位修士、一位副执事、两位司铎作证。主教认为宗主教对他的这起案件过早判断。三位针对他的证人,或是由于伪誓,或是由于教规审查的否决而未能举证成功。然而该主教还是被革去职位,因为他的罪行昭然。

格拉蒂安在这个案例下提出了七个问题。其中第 1 问问道:

> 对于清楚明白的案件是否还需要司法程序?

《格氏律》在这个问题下援引了一条出自《学说汇纂》的罗马法:

> 有些人因为性别、年龄的缘故,诸如女性和未成年人;有些人

因为誓言的缘故,例如身处服役期间;有些人因为政务或治权的缘故,只要他们的上任并非欺诈;有些人因为自身罪行的缘故,例如声名狼藉者;有些人因为可耻的获利,例如就两件事提起两件诉讼,或是就起诉与否收受钱财;有些人因为自身的状况,例如解放自由人针对他的保护人;有些人因为涉嫌诽谤,例如被买通作伪证;有些人因为贫穷的缘故,例如财产少于 50 奥里斯,这些人都被禁止提起控告。然而,这些人如果为了追究自身的伤害,或是为了亲属的死亡而辩护,就不拒绝他们提起控告。儿童和解放自由人如果想要保护自身的财物,他们就不该被禁止就他们父母或保护人的行为提起控告。例如,如果他们声称被强制剥夺财产,显然他们不能就暴力犯罪提起控告,但可以以恢复财产的所有权为由起诉。因为,如果儿子声称其母找来一个替代者作为其共同继承人,就不禁止他针对其母亲的行为提起控告,但不允许他以科内流斯法为依据起诉。§1. 任何人不能起诉已被第三人控告的人。但对被公开或私下开释的人,或是控告方撤诉的被告,不禁止再次控告他们。§2. 神圣的赛维鲁与安东尼颁布敕令,如果妇女就粮食溢价提起控告,基于公共利益的缘故,应该由粮食供给长官听审。声名狼藉者无疑也应被允许提起这项控告。军人也应该被允许提起这项控告。奴隶的控告也应审理。①

格拉蒂安显然希望以这条条文说明哪些人被允许提起公告,哪些人又受到禁止。条文中虽有提及贫穷会成为提起控告的瑕疵,但格拉蒂安并未对此给予多少关注。

---

① C.2,q.1,c.14. 根据温罗思的研究成果,这条罗马法不见于原初本《格氏律》中,应是格拉蒂安 B 在后来添加。

条顿人约翰着眼于"贫穷"（paupertas）一词展开了他的分析，虽然字句简略，却逻辑清晰。他的阐述可以分为三个步骤。

第一步，约翰将条文中贫穷作为控告的障碍扩展至诉讼中的举证。他引用了《格氏律》第 2 部分第 4 案例第 3 问[①]，意在说明因贫穷而被禁止提起控告的人，也因同样的事由被禁止作证。

第二步，约翰笔锋一转，他转引优士丁尼《法学阶梯》中论有嫌疑的监护人和保佐人的条文，该条文末尾提到，只要监护人或保佐人忠信而勤勉，就不能仅仅因为贫穷而怀疑他们。约翰旨在提醒贫穷是否可以作为怀疑作证资格的事由。

第三步，约翰又转引《格氏律》第 2 部分第 15 案例第 1 问下援引的教规。[②] 这条教规来自安布罗斯的著作《创世六日》（Exameron）：

> 我们必须谨防由我们的意志所引起的幼年的罪愆，以及肉体毫无理性的激情。我们自己就是主人，不要从我们自身之外寻找原因，也不要将原因归咎于他人，而要认识到这就是我们自己的原因。我们应该将所作的邪恶选择归咎于自身，因为只要我们愿意，我们就能够避免作恶。同样在法庭中，定罪量刑是针对出于自愿的犯罪，而非迫不得已。若有人一怒之下杀了无辜的他人，就要判

---

① C.4,q.3. 格拉蒂安设计的案件情节为：某个被绝罚的人计划控告一位主教。他唆使一个未满 14 岁的少年提出讼案。由于被禁止提起控告，他让少年成为控告方，自己担任证人。而少年既想担任控告者，又想担任证人。在规定的当日，该主教拒不出席由选举的法官组成的法庭。他被处以绝罚。最终随着法庭的更换，控告者在诉讼中被发现难辞其咎。后来他又提出了私人的讼案。

② 格拉蒂安在这里设计了一个错综复杂的案例：某位圣职人员在领受司铎禄位之前据说已经犯下肉体失检的罪行。晋升成为司铎后，他在一怒之下杀害了他人。当他恢复理智后，那据说与他有过不检点行为的人到主教处控告他。主教于主日当天审理了案件。那司铎否认被控告的罪行。他向某些圣职人员寻求援助，但后者因为没有酬谢而未伸出援手。主教通过刑讯逼得了口供，最终他在未经会议听审的情况下独自作出了审判。C.15,q.1.

处他死刑。为什么,甚至依照神圣法律的规定,过失杀人的人可以通过接受放逐的可能而有希望被豁免?这样他能逃脱惩罚。因此这可以表述为,究竟如何才能被视为恶?只有意识和良知牵涉犯罪,恶才存在其中。因此,智者不会称贫穷、出身微贱、死亡为恶,也不会将这些归于恶的范畴。①

显然,安布罗斯这段文字的核心是,意识中存在恶与否是区分罪恶的关键。约翰借由安布罗斯的论述,表达了自己的观点——贫穷不属于罪恶的行列。② 到了 13 世纪,另一位教会法学家、教宗手谕学者约翰·安德烈在他的《〈第六书〉标准注疏》中针对"贫穷"一词写下评注时,同样援引了《格氏律》第 2 部分第 15 案例第 1 问下的这条教规。他以自己的文字再一次重申了条顿人约翰的观点——贫穷不属罪恶。③

三、教会法对贫民的保护

贫穷是以贫民的形式表现出来的。对于贫穷是否是罪恶的探讨,自然而然引申出了对贫民的保护问题。教会法特别重视改善贫民的法律地位,赋予贫民相应的权利保护,其中受到特别关注的是贫民获得救济的权利和社会经济权利。前者涉及对贫民诉讼权的保护和司法救助,后者涉及对贫民财产权和受教育权的保护。这里重点讨论教会法

---

① C. 15, q. 1, c. 6.

② Johannes Teutonicus, Gl. Ord. ad C. 2, q. 1, c. 14: Propter hoc repelluntur testes, vt 4. q. 3. Testiumdummodotamenrationepaupertatis sit suspectus, vt inst. de suspe. tuto. §. vlt. Paupertasenim non est de numeromalorum. 15. q. 1. illa, in fi.

③ Johannes Andreae, Gl. Ord. ad Sext. 1. 3. 11: Paupertas non est de genere malorum. 15. q. 1. illa. in fine.

对贫民获得救济的权利以及社会经济权利中受教育权的保护。有关贫民财产权的保护将在下一章讨论。

（一）教会法对贫民诉讼权的保护

教会的立法者和法学家们担心贫民是否会因为贫穷的缘故而遭受不公正的对待。不过,贫民的事务事关世俗范畴。对于世俗事务,教会法素来主张有限的管辖权。虽然的确有教会法学家鼓吹,教会的管辖可以在现有的程度上扩展至更为广泛的地步,但和那些力图规范教徒生活方方面面的宗教法相比,教会法主张的管辖范围只是世俗生活的部分。这种管辖一方面是对圣职人员绝对的属人管辖;另一方面又是对某些具有宗教属性事务的绝对管辖,后者的典型是婚姻法。至于杀人放火等犯罪,通常认为是由世俗法庭管辖,不在教会管辖范围之内。

但是事实并非如此简单,实际上许多事务是"混合"的。在这种情况下,当事人既可以受到世俗法庭的管辖,也可以受到教会法庭的管辖。对贫民的管辖正是其中的典型。而使教会得以对贫民实行管辖的结果,是由教会法学家通过创设"可怜的人"（miserabiles personae）与"正义缺失"（ex defectu justitiae）两项原则实现的。

1. 贫民与"可怜的人"

"可怜的人"一词并非是古典教会法学家的首创。公元 334 年罗马皇帝君士坦丁向所有的"可怜的人"赐予一项特权。根据君士坦丁的特权,任何有权处理自己事务的寡妇以及在法定年龄以下的孤儿,享有不卷入其所在省以外地区发生的诉讼中的特权。即使是在最高审级的法庭内也可豁免。[①] 在这里,"可怜的人"指的是寡妇与孤儿。中世纪的

---

① Cod. 3. 14. 1.

罗马法学家认为,即使是皇帝主持的法庭——可以视为全世界的常设法庭——只要未经寡妇和孤儿的同意,不得擅自审理其案件。不仅如此,罗马法学家还认为,寡妇和孤儿即使不受帝国法庭的管辖,同样可以在帝国法庭提起诉讼。他们享有的这项权利不受限制。罗马法学家解释道,这是由于皇帝作为所有"可怜的人"保护者的身份所决定的。①

虽然教会不再受古代罗马法的约束,但君士坦丁的敕令对他们来说同样有用,这条敕令传递出的"特定的当事人需要受到特殊的保护"的理念,与教会的传统观念是十分契合的。如在《圣经·旧约》中就有这样的规定:"对任何寡妇和孤儿,不可苛待;若是苛待了一个,他若向我呼求,我必听他的呼求"②;"你们的天主是万神之神,万主之主,伟大、有力、可畏的天主,是不顾情面,不受贿赂,为孤儿、寡妇主持正义,友爱外方人,供给他们食粮和衣服的天主。为此,你们也应友爱外方人"③;"你们应保护受苦的人和孤儿,为贫弱与可怜的人主持正义"④;"你们应执行公道正义,从压迫人的手中解救受剥夺的人,不要伤害虐待外方人和孤儿寡妇"⑤。教会法学家遵循这种精神,创设出了一种原则,即"可怜的人"应该被给予特殊的司法权利,而教会有责任确保这种保护的落实。教会法学家们对寡妇和孤儿表现出特别的关心,认为对他们的照顾是教会的职责,圣职人员在保护孤寡的时候,实际上是在效仿天使。他们将《旧约·创世纪》中天使通过雅各伯的梯子往返于天上人间作为比喻,推论既然天使可以在毫发未损的情况下下降人间,那么

---

① Baldus de Ubaldis, Commentaria, ad Cod. 3. 14. 1. See R. H. Helmholz, *The Spirit of Classical Canon Law*, The University of Georgia Press, 2010, p. 122.

② 《旧约·出谷纪》第 22 章第 21—22 节。

③ 《旧约·申命纪》第 10 章第 17—19 节。

④ 《旧约·圣咏》第 88 首第 3 节。

⑤ 《旧约·耶肋米亚先知书》第 22 章第 3 节。

圣职人员也完全可以做到这等屈尊。①

《格氏律》中就援引了诸多保护孤寡的教规,如他们在战争肆虐时可以受到特别的保护②,被禁止涉足世俗争讼的圣职人员可以因为关心孤儿的监护而豁免,等等③。格拉蒂安在自己的评注中也写道:"主教们应该向寡妇和孤儿们的呼求提供教会的帮助,不该拒绝帮助他们对抗强暴欺凌。"④

然而,格氏律学者却极大地丰富了"可怜的人"的内涵,使其不再仅仅局限于孤寡。条顿人约翰在对《格氏律》第 1 部分第 87 类别第 1 条教规的评注中,认为除了寡妇和孤儿们外,有关贫民、受压迫者、外方人的案件,也同样该由教会管辖。⑤ 他继而援引《格氏律》第 2 部分第 24 案例第 3 问下的第 21 条教规加以证明。这条来自于 9 世纪托莱多宗教会议的决议规定,任何有势力的人如果掠夺圣职人员、贫民或修士,并且在主教命令其前来受审后依然表示轻蔑,就要写信将此事告知省内的所有主教,并对当事人科以绝罚,直至其服从并归还掠夺之物。⑥ 约翰针对这条教规写下评注:"看起来压迫贫民的案件归属于教会管辖。"⑦

该原则虽然扩大了教会对"可怜的人"保护的周延,随之而来也产生了一个问题,即标准的模糊。这种模糊造成的弊端是,许多人仅仅因为在法律含义上满足了"可怜的人"身份,就将案件递交至教会法庭。

---

① See R. H. Helmholz, *The Spirit of Classical Canon Law*, The University of Georgia Press, 2010, p. 124.

② C. 24, q. 3, c. 25.

③ D. 86, c. 26.

④ D. 87, d. a. c. 1: Viduis autem et orphanis ecclesiae presidium inplorantibus episcopi debent adesse, et contra inproborum uiolentias protectionis patrocinium eis negare non debent.

⑤ Johannes Teutonicus, Gl. Ord. ad D. 87, c. 1.

⑥ C. 24, q. 3, c. 21.

⑦ Johannes Teutonicus, Gl. Ord. ad C. 24, q. 3, c. 21.

对"可怜的人"滥用的现象要求其标准的明晰。罗马法学家对这个问题的解释比较含糊,巴尔杜斯(Baldus)认为这个问题应该留给法官慎重考虑。阿佐(Azo)形容"可怜的人"为"天性使我们怜悯的那些人"。他们之后的罗马法学者并不满意这种抽象的定义,他们为"可怜的人"列了很长的名单,包括盲人、跛子、战俘、老人、新领洗的犹太人、学者、外方人、要向地方政府纳税的外国商人、解放自由人、公开补赎者、没有足够妆奁的未嫁贵妇。① 这样的回答显然没有任何帮助,只会使"可怜的人"的含义更加难以把握。对这一难题的解决,是由教会法学家、教宗英诺森四世完成的。

英诺森四世的阐述是基于《格里高利九世手谕集》中的一篇手谕。这篇手谕位于《格里高利九世手谕集》第1卷第29题第38条,是一封教宗格里高利九世写给亚眠的领咏司铎和教律教师的书信。格里高利九世在信件中表明,他已获悉某位名叫尤利安娜的寡妇就土地和财产的问题与另一位妇人发生了纠纷。尤利安娜以贫穷为由,顺利地在教会法院提起诉讼。然而被告方指出,虽然尤利安娜身为寡妇,但她所谓的贫穷实是谎言,事实上她既富有又出身高贵。被告抗辩称,尤利安娜未先向对此纠纷有管辖权的世俗领主提起诉讼,教会法庭就不该受理此案。教会法庭最终裁定驳回诉讼。②

英诺森四世在针对这篇手谕所作的评注中,坚持要求区分真正的贫民和那些虽然符合"可怜的人"的身份但经济上比较富裕的人。他引用了罗马法同仁的理论,列举了寡妇、孤儿、老人、盲人、残疾人、长期疾病缠身的人,等等。虽然从法律含义上来说,这些人符合字面意思上的

---

① See R. H. Helmholz, *The Spirit of Classical Canon Law*, The University of Georgia Press, 2010, p. 129. 这种列举后世甚至达到了某种匪夷所思的极端,那些在恋爱中绝望的人也被拿来讨论是否属于"可怜的人"。

② X. 1, 29, 38.

"可怜的人",但他们并不必然是贫穷无力的。

英诺森四世的这一理由是有其现实意义的。以寡妇为例,事实上中世纪社会中的寡妇享受的自由要比任何其他身份的妇女都大。一旦孀居,她就不再被迫接受另一个人的权威,早在古代晚期,教父哲罗姆(Jerome)就认为有些妇女孀居并非出于对信仰的虔诚,而是出于对自由的渴望。中世纪的文学家斯提特尼的托马斯(Thomas of Stitny)曾经听他孀居多年的老祖母说:"天主,寡妇得到的一切要比妻子多出这么多啊! 这怎么可能呢? 做个寡妇多好,多方便啊!"中世纪的寡妇不仅拥有法律上的独立权,不必再受父兄干涉,而且在日常生活中也有较大自由。寡妇凭借孀居权都可以保证从丈夫遗产中获得一份财产。《大宪章》(Magna Carta)第 11 条就申明,丈夫去世前要在证人面前保证妻子的孀居权,不论证人是犹太人还是基督徒。[①]

英诺森四世主张,应该允许真正的贫民——即有真实需求的人——在教会法庭提起诉讼。而对于那些富人,即使他们符合字面含义上的"可怜的人",仍然应该通过正常途径向世俗法庭起诉。[②] 英诺森四世为"可怜的人"被滥用的问题提供了解答。他并没有详细地为"可怜的人"罗列一份名单,相反,他第一次从"可怜的人"中剥离出了贫民,明确区分了两者——只有那些贫穷的"可怜的人"才能得到教会的保护,而非富有的"可怜的人"。

2. 贫民与"正义缺失"

促成教会对贫民保护的另一项重要原则是"正义缺失"。这条原则的先驱可以追溯至《格氏律》第 2 部分第 23 案例。格拉蒂安原本在这

---

① 参见〔以色列〕苏拉密斯·萨哈:《第四等级——中世纪欧洲妇女史》,林英译,广东人民出版社 2003 年版,第 103—105 页。

② Innocent IV, Commentaria ad X. 1, 29, 38.

个案例中假设了一群堕入异端的主教强迫其他大公信仰的信徒们改奉他们所信奉的异端，后被其他主教动用军队所肃清的情节。格拉蒂安在这个案例下提出了这样一个问题："杀害有罪的法官或长官是否构成犯罪？"①在这个问题下，格拉蒂安援引了一条教宗约翰八世（Pope John VIII）的手谕：

> 世俗的执政者，无疑应当保护教会和孤寡免受压迫。每当他们受到主教和教会人士的召集，就应该更为专注地聆听他们的诉求，根据要求毫无疏忽地进行审查，并勤勉地纠正错误。若果他们玩忽职守，且眼里没有对天主的畏惧，在对他们进行了第二次和第三次警告后，就将他们从集体的共融中排除，直至他们彻底悔过自新。②

这条手谕指示教会的圣职人员敦促世俗执政者为有特殊需要的人秉公执义，必要之时可以警告他们，乃至以绝罚作为玩忽职守的处罚手段。美国学者理查德·H. 海姆霍茨（Richard H. Helmholz）注意到这条手谕中隐含了教会凌驾于世俗权威之上并对后者进行指导的意味。但他指出，这条手谕并没有表明教会的司法管辖可以基于玩忽职守的理由而介入纠纷，而仅仅规定了玩忽职守的世俗执政者要受到教会的制裁。③

事实上，"正义缺失"原则的产生是一个漫长的过程，它和《格里高利九世手谕集》中收入的一篇教宗英诺森三世（Pope Innocent III）的手谕紧密相关。英诺森三世在这篇手谕中写道，他已获悉一桩有关遗产继承的讼案被送至教宗司法代理处。而这项纠纷所发生领地上的领主

---

① C. 23, q. 5：Quinto, an sit peccatum iudici uel ministro reos occidere?

② C. 23, q. 5, c. 26.

③ See R. H. Helmholz, *The Spirit of Classical Canon Law*, The University of Georgia Press, 2010, p. 120.

反对教会对该案的管辖。他声称自会向诉讼当事人展示正义的实现，并要求将讼案移交回他的法庭。英诺森三世应允了领主的要求。①

虽然看起来世俗一方获胜了，但教宗的这篇手谕却开了一道口子。领主的要求得到了满足，是因为诉讼当事人的争议在他的法庭中可以得到公正的判决。教会法学家们从反面论证，如果正义无法在世俗法庭中实现，教会的法官就可以实施管辖，并自行秉公断案。正如帕尔玛的伯尔纳德在他的《〈格里高利九世手谕集〉标准注疏》中对这条手谕的评注："注意，由于世俗法官的失职，管辖权转移至教会法官手中。"②

古典教会法学家所说的"正义缺失"，远非诉讼程序错误那么简单，约翰·安德烈详细分析了"正义缺失"的含义，他举出了三种情况：(1)根本没有断案法官；(2)法官因嫌疑而回避；(3)法官坚决拒绝秉公断案。约翰认为，只有在第三种情况下，才会导致教会有理由介入案件。③

与此相关的问题是，如果世俗法官坚决拒绝秉公断案，当事人是否需要在求助于教会之前，上诉至更高一级的世俗法官呢？教会法学家热衷于探讨这个问题，但对他们来说这是个两难的问题。一方面，他们不愿意介入世俗诉讼的正常程序，这意味着鼓励当事人继续上诉。但另一方面，他们又想要确保涉案当事人获得正义。面对这种情况下，图德斯基的尼可洛区分了需要上诉和不需要上诉的情形：(1)承认更高一级的权威和不承认更高一级权威；(2)向其他教会法官求助和向教宗求助；(3)皇帝在位的情形和帝位空缺的情形；(4)有允许直接向教会求助的习惯和有禁止直接向教会求助的习惯。④

---

①　X. 2，2，11.

②　BernardusParmensis，Gl. Ord. ad X. 2，2，11.

③　Johannes Andreae，Gl. Ord. ad X. 1，29，38.

④　Panormitanus，Commentaria ad X. 2，2. 10.

"正义缺失"给予人们权利,在无法得到公正的判决时可以将案件转移至教会法庭,不过这也意味着他们首先要向世俗法庭寻求救济。那么贫民的案件又如何呢? 格拉蒂安在《格氏律》中的态度就显得晦暗不明,他一方面援引了一些支持由教会管辖贫民案件的教规①,另一面又援引了一些对立的权威,如第 2 部分第 23 案例第 5 问下的第 23 条教规——教父哲罗姆为《旧约·耶肋米亚先知书》所作的评注:

> 君王应执行公道正义,从压迫人的手中解救受剥夺的人,向那些容易受到强权压迫的外方人、孤儿和寡妇提供援助。为了激发他们更多地关注天主的命令,先知写道:"不要伤害他们。"这样你们不仅要救助他们,还不能因为你们的疏忽而放任他人伤害他们,"不要在这地方上流无辜者的血",因为杀人者、亵圣者……"假使,"先知说:"你们这么做,犹大的君王啊,你们必重获先前的权力。"②

这种对立与模糊不清引发人思考这样一个问题,贫民相比前述那些普通的诉讼当事人有什么不同呢? 看起来,贫民也必须满足无法在世俗法庭中求得正义的要求,方可在教会的法庭中寻找救济。这样看来,贫民又重回到了起跑线上,在诉讼中并没有什么实质性的优势。

这个棘手的问题依然是由教宗英诺森四世给出了回答。他在针对前述教宗格里高利九世手谕的评注中解释说,诉讼当事人只能将上诉教会法庭作为最后一道救济的方法。如果世俗法庭的法官拒不秉公执法,那就上诉至高一级的法官,若有必要,继续上诉,直至每一道救济都用尽。而对于可怜的人而言,一旦他们无法伸张正义,教会就可以介

---

① 如 C. 24,q. 3,c. 21。

② C. 23,q. 5,c. 23.

入。英诺森四世同时写道,如果诉讼当事人起诉主张的是一大笔遗产,那么即使他是真正的贫民,在未用尽世俗法庭救济方法之前,教会法庭不得听审案件。[①]

显然,英诺森四世要给真正在生活上陷入重担和窘境的普通穷苦大众以特殊的保护。他的意思很清楚,贫民在诉讼的最初阶段就可以向教会当局求助,而不需要等到穷尽一切世俗救济后。这正是贫民相比其他普通诉讼当事人的特殊与优势,也是在世俗法庭中缺失的正义得到实质上的实现的关键。

(二)教会法对贫民的司法救助

除了通过创设"可怜的人"和"正义缺失"的原则将教会的司法管辖拓展至贫民的案件,从而保护贫民的诉讼权外,教会的立法者和法学家们还关注贫民在诉讼中的其他权益,为他们提供司法救助。

中世纪的诉讼代理费用高昂,往往使许多人望而却步,更不要说生活拮据的贫民。《格里高利九世手谕集》中收录的教宗霍诺留三世(Pope Honorius III)的一篇手谕规定了法官的职责。该手谕原本是霍诺留三世致圣莱奥纳德的总主教和萨勒诺的修道院院长的书信。霍诺留三世在书信中称,他已获悉了萨勒诺的卡瓦修道院与新福萨修道院就财产所有权问题发生争议。新福萨修道院由于无力承担聘请律师的费用,总主教委派自己麾下的一位圣职人员担任律师。卡瓦修道院的院长因此对此表示抗议,认为总主教此举有偏袒对方之嫌。霍诺留三世对该纠纷作出了他的判定,如果诉讼当事人无力雇佣律师,法官应当为其无偿提供援助,甚至是自己的亲信也可。[②] 伯尔纳德对该手谕所

---

① Innocent IV,Commentaria ad X.1,29,38.
② X.1.32.1.

作的评注明确了这一点：

> 无法为自己提供律师的贫民或其他这样的弱者，长上应该考虑并提供律师。①

教会的圣职人员通常被禁止在世俗法庭现身。格拉蒂安在《格氏律》中援引加采东会议（Council of Chalcedon）的决议和教宗美基德（Pope Miltiades）的一篇手谕，这两段权威文字都重申了禁止圣职人员涉入世俗法庭的讼案，但却给予了一项豁免，即如果讼案的当事人是弱势群体时，圣职人员可以基于保护他们利益的缘故，代为出庭。②《格里高利九世手谕集》中收入的美因茨会议的一条决议又再一次确认了这点。③

此外《格里高利九世手谕集》中收入的教宗尤金三世（Pope Eugene III）的一篇手谕，还规定了对贫民出庭作证的豁免。尤金三世规定，因年老、疾病缠身、为贫穷所迫的缘故而无法出庭，法官应委派有能力且审慎的专人前往取证。帕尔玛的伯尔纳德在他的《〈格里高利九世手谕集〉标准注疏》对此进行了更为详细的解释。他首先设问，为什么贫民可以得到此项豁免？因为即使人贫穷，仍然可以前来妥善地作证。而他的回答却令人深思。伯尔纳德指出，手谕中所称的为贫穷所迫者，实是指名门望族背景出身者，他们羞于在贫穷的境况下出庭，因此让他们出庭作证就不那么适宜了。他进而指出，这样的贫民是一个高尚的人，不能仅仅因为贫穷的缘故就受到怀疑。姑且不论伯尔纳德这种观点的片面性，他的解释仍然有启发之处。他已经注意到了贫民的主观意识。

---

① Bernardus Parmensis, Gl. Ord. ad X. 1. 32. 1：pauperibus tamen & huiusmodi personis debilibus, qui sibi prouidere non possunt, debet praetor de aduocatis consulere & prouidere.

② D. 86, c. 26；D. 88, c. 1.

③ X. 3. 50. 1.

原先境遇良好的人如果陷入贫穷，往往会羞于启齿。如果强迫他们暴露在众目睽睽之下，实是强人所难。作为保护弱者的教会不应再为这些人增添一分耻辱。13 世纪中叶的著名教宗手谕学者塞古西奥的亨利对这篇手谕有不同的见解。他首先援引了伯尔纳德的观点，进而他给出了另一种角度的解释。他认为，手谕中所指的为贫穷所迫者，是指诉讼当事人而非证人。他可能因为无力支付证人出庭作证的费用，因此法庭才委派专人代为前往取证。[①] 后来的教会法学者也赞同，应该由法院支付贫穷的诉讼当事人邀请证人出庭作证的费用。[②]

四、教会法对贫民受教育权的保护

中世纪的学校尽管有许多缺点，但对中世纪的文明产生了巨大的作用。学校为学者们提供了一个潜心学习和研究的环境，是中世纪思想生活的重要中心。从学校里毕业的学生充实了各领域的专业人员。对于中世纪的普通人来说，如果能够进入学校学习，特别是在大学中获得高等学位——譬如教律博士——这就意味着他的未来不可估量。他可以在教会、王室中获得就业机会，供职其中，获得一笔丰厚的薪金。许多中世纪的司铎、主教乃至教宗，都多有出身卑微者。

但如果要在中世纪的学校里完成学业，特别是在大学中的学习，这将意味着需要一笔很大的开销，这绝非一般人依靠自力所能解决。繁重的费用无疑是许多贫穷学生未能在大学内完成学业的原因之一。中

---

① Hostiensis, Commentaria ad X. 2. 20. 8, fol. 86, quoted from Brian Tierney, *Medieval Poor Law: A Sketch of Canonical Theory and Its Application in England*, University of California Press, 1959, p. 143.

② See Brian Tierney, *Medieval Poor Law: A Sketch of Canonical Theory and Its Application in England*, University of California Press, 1959, p. 14.

世纪罗马法学家奥多弗雷德(Odofredus)就曾计算到,一个学生如果要在巴黎或者博洛尼亚的学校里轻松地应付学业,他就需要每年100博洛尼亚镑的预算。而当时一般的生活开销仅25至50博洛尼亚镑。除此之外,当时的书籍也很昂贵。根据记录,13世纪博洛尼亚的书籍交易中,书籍的平均价格在35博洛尼亚镑,而当时一位法官的年均收入也就90博洛尼亚镑。贫民显然无法应付此类开销。①

　　教会法对于贫民受教育的问题,始自12世纪末。1179年在教宗亚历山大三世(Pope Alexander III)主持下的第三次拉特朗大公会议(Third Lateran Council)上颁布了一条决议:

　　　　天主的教会作为挚爱的母亲,必须供给那些有需要的人,不仅是在有关身肉方面的事项上,还要在有关灵魂益处的事项上。因此,不能因为无法获得父母的资助,就拒绝那些贫民获得教育的机会。每一所主教座堂都应该为教师提供一份合适的俸禄,使他们分文不取地给该座堂内的圣职人员授课,也要给贫穷的学生提供俸禄,借此满足教师的物质所需,使学生获得知识。至于其他教堂和修道院,如果在过去的年代里这种情况已经存在,就让一切复原。任何人都不应以提供教师许可强求费用,或以习惯为借口向教师索取物品,也不得拒绝向任何符合资格的人提供教职。若有人违反此决议,将被剥夺教会俸禄。因为剥夺那些贪得无厌、通过售卖教职妨害教会进步的人在天主教会内的劳动果实是恰当的。②

---

　　① See James A. Brundage, *The Medieval Origins of the Legal Profession*, The University of Chicago Press, 2008, pp. 272—273.
　　② X. 5. 5. 1.

这条教规明确地表明,教会有责任为那些在主教座堂学校中贫穷的学生提供财力上的帮助,以确保他们得以完成学业。同时还通过明确教师本人收入的来源,使他们向学生免费提供授课,从另一个方面缓解了贫穷学生的压力。

1215 年,教宗英诺森三世主持下的第四次拉特朗大公会议(Fourth Lateran Council)上颁布了另一条决议,确认了前述决议的规定:

> 由于有人因为缺乏必要的财物无法受到教育或者获得能完善自己的机会,第三次拉特朗大公会议做出了一项有益的规定:每一所主教座堂都应该为教师提供一份合适的俸禄,使他们分文不取地给该座堂内的圣职人员授课,也要给贫穷的学生提供俸禄,借此满足教师的物质所需,使学生获得知识。但由于许多教堂不遵守这项规定,我们在确认该教规的同时,规定,不仅是主教座堂,在其他有充足物力的教堂内,教长和他的圣职团应该委命一位有能力的教师,或者由圣职团内的大多数成员或者眼光较为敏锐的成员选出一位教师,该教师应不收分文,尽自己最大的能力为各教堂内圣职人员讲授文法和其他学科。除了教师之外,大城市的教堂里还应安排一位神学教师向司铎和其他人讲授《圣经》,以及尤其那些属于关怀人魂领域的知识。圣职团应该授予每位教师一份俸禄,至于神学教师,应由大城市的教堂尽力供养。这并不意味着他们成为了圣职团成员,而是只要他们身处教职,就始终享有收入。如果大城市的教堂无法雇佣两类教师,应该按照前述方法供养神学教师,至于文法教师,就看看他所在的城市或教区的其他教堂是否有充足的财力供养。①

---

① X. 5. 5. 4.

这条手谕不仅确认了第三次拉特朗大公会议的规定,而且还将适用范围从主教座堂拓展至有充足物力的其他教堂。所谓教师,实际指的是教授读写的文法教师,他们在教会的学校内为学生教授中世纪教育最基础的知识——拉丁语文法和基础的修辞学。除此之外,该决议还规定了要在大城市的教堂里设立神学学科,也使得那些追求学习高级学科的贫穷学生从中获益。这些高等级教堂的附属学校后来往往成为了 13 世纪后欧洲逐步兴起的大学的核心力量。

五、小 结

以今人的角度来看,中世纪的会法学家在中世纪盛期的时代背景下,能够明确表达"贫穷不属罪恶"这样的言论,实在是惊人之举。即使是在几个世纪后,随着国家济贫的兴起,都鲜见这样的论调。相反,贫民在那些年代中反倒被视为低人一等的人群,失地农民被禁止流浪,任何流民都会受到逮捕,遭受制裁。

教会法对贫穷的探讨虽然深奥、古老、遥远,但其所针对的贫民起诉权、受教育权的保护、对贫民的司法救助等问题所表现出来的关注,却不受时空的阻隔,和近现代是一致的。在成熟形态的国家尚未成型的中世纪,教会作为行使管辖权力的超国家性组织,对所辖事务中当事人处于实质不平等地位的情形,予以积极的干预,以确保实质正义的实现。其对弱势群体身份的认定和基本权利的保护,对今日依然有诸多启示。

第二章　教会法上贫民的财产权利

对贫民财产权利的保护,是中世纪教会法对贫民社会经济权保护极为重要的一个方面。在开始探究这一问题之前,不妨回顾一下中世纪社会中贫民的形象和他们的财产情况。

一、中世纪的贫民及其财产

(一) 非自愿贫穷者的典型:农业劳动者和妇女

哦,可恨的苦难和穷困的处境!
伴随着恼人的干渴、寒冷、饥肠!
求助于人吧,你感到有愧于心;
如果不求助,困苦给你的创伤
巨大得使你没办法加以隐藏!
你迫于贫困,只能违反你本意,
去偷去借去乞讨,以维持生计。
你以你激烈的言辞责怪基督,
怪他分配世上的财富出差错;
你指责邻居的话也非常刻毒,
说是你得到太少,他得到太多。

"等他尾巴放到煤上烧，"你说，
"那时候报应就会落在他头上，
因为他对穷人从不曾帮一帮。"
现在请听听聪明人一句名言：
"与其生活在贫困里，不如死掉——
人一穷，连邻居也会给你白眼。"
穷困潦倒，尊严哪里还谈得到！
还是把聪明人的这句话记牢：
"穷人过日子，天天是罪恶悲苦。"
所以要当心，别落到那个地步！
"如果你贫穷，你的兄弟会嫌你，
你朋友看到你，都会远远跑掉。"①

　　这是英国中世纪诗人乔叟（Geoffrey Chaucer）《坎特伯雷故事集》（*The Canterbury Tales*）中的律师即将讲述故事前的开场白。这位律师虽是乔叟笔下虚构的人物，但他口中对贫穷生活的憎恨与恐惧恰恰从一个侧面反映出中世纪贫民内心的真实写照。对贫穷甘之若饴的人毕竟是少数，大多数的贫民往往是因生活所迫，拥有多般需求。

　　中世纪普通民众的生活几乎完全是那种乡村的农业生活，农民大众占到了人口的绝大多数。农民是主要依靠农业为生的小规模农村耕种者。与较原始的社会不同，在农民社会中，农民劳动生产中的剩余部分用于供养统治阶级，同时也支援了有组织的教会和先进文明的上层建筑。但是这一切都取决于下层农民的劳动，以及他们的一部分产品

---

　　① 〔英〕杰弗雷·乔叟：《坎特伯雷故事》，黄杲炘译，上海译文出版社 2007 年版，第161 页。

以何种方式转而供养上层统治者。

在英格兰、法兰西西北部和日耳曼的大部分地区的乡村社区,所实行的农业方式大致相同。大多数村民从属于一个领主,领主单独管辖的特别区域的农业种植园称为庄园(manor)。有时一个农民的村落形成一个领主特有的庄园,有时一个庄园包括两个或两个以上的乡村,有时一个大乡村可以分成两个或两个以上的庄园。①

庄园领主剥削其庄园内的农奴的协议构成了庄园制度。庄园制度曾流行于整个中欧地区和西欧的部分地区,它是一种政府形式,也是一种社会结构、一种经济制度。农奴们从庄园领主处领取耕地,作为回报,他必须向庄园领主提供劳役。乡村的一部分可耕地由领主保留,农奴为领主耕种这些田地。领主一般还拥有牧草地,农奴们要为他收割干草。如果领主要挖一条沟渠或是修建一座谷仓,农奴就得为他提供劳力。为报答领主,农奴提供的劳役量变化很大,一般一周劳役三天,农奴的妻子还必须到领主家里劳作,如纺纱、织布、精梳羊毛等。除了上述劳役外,农奴还负有以各种方式向领主支付租金的义务。如果农奴在公有牧场上放牧,就要给领主一些奶酪作为报答;在河里捕鱼,就必须给领主一部分鱼;在树林里捡拾枯枝,就必须为领主提供木柴。这些名目繁多的租金项目几乎是没有限制的,家禽、水果、蔬菜和羊毛等都要收费。除此之外,农奴还要向当地教会缴纳什一税。②

除了接受劳役和租金,领主还拥有从对农奴的人身控制所衍伸出来的一些权力。农奴依附于其领主,不能自由离开出生的庄园,他被"束缚在土地上",他们是与土地相始终的劳动者。随着庄园制度的发

---

① See Brian Tierney and Sidney Painter,*Western Europe in the Middle Ages*,300—1475,*6th ed.*,McGraw-Hill Humanities,1998,p. 180.
② Ibid.,p. 182.

展,农奴渐渐受到领主的司法管辖。如果发生纠纷,通常可在庄园法庭中解决,相关的罚金构成了领主一项重要的收入来源。法庭由领主的执行官主持,但裁决要依据庄园的习惯。①

庄园中农业劳动者的生活艰苦而单调,不似近现代农民那般依靠机械来减轻劳作的辛苦。农民所处的苦难而又残酷的境遇,使他们的知觉变得迟钝而麻木。在气候炎热的时候,男人一丝不挂地在田间和妇女并肩工作。哈文特的腓力描述他在夏天的所见:"大多农民在市场日子里,在街道上和在村庄广场上走来走去,不披上什么衣服,甚至裤子也不穿,为的要凉快。他们这样赤身露体地进行他们的工作。"他们的茅舍全部是用木材或枝条造成,屋顶盖着茅草而没有烟囱,所以无法在室内烘烤面包。在夏天,烹饪工作大多数是在户外露天进行的;而在冬天则在茅舍内泥地上进行,当开门时,浓烟会从门口或从屋顶上的洞孔冲出,因而室内的人会无法睁开双眼。茅舍内是没有人工照明的。用柴把当作火炬可能会有失火的危险,而蜡烛则无力购置。在天黑以后,他们可能无事可干,无法干活,无法阅读,只能和妻儿一同睡觉。但卧床可能仅仅是屋内一角的草秸,爬有恶虫,而且常常是潮湿的。②

由于工具粗陋、农业知识有限,中世纪的农业劳动者生活的界限是狭隘的。对近现代农民来说,那可能是不便利的气候条件,而对中世纪的农民来说,就是一场场实实在在的灾难——干旱、洪涝、严寒、畜疫,等等。农民的屋舍都是木材或草秆制成,因而鼠患成灾。森林广袤,所以狼也是一大害物,常常捕食牲口和羊群。此外,因为没有杀虫剂,他

---

① See Brian Tierney and Sidney Painter, *Western Europe in the Middle Ages*, 300—1475, 6th ed., McGraw-Hill Humanities, 1998, p. 182.

② 参见〔美〕汤普逊:《中世纪经济社会史》(下册),耿淡如译,商务印书馆 1963 年版,第378 页。

们根本无力应付虫灾。由于中世纪迷信和无知的普遍,农民们故而常常求助于咒语。下面就是一首典型的驱邪诗:

　　　　爱伊斯神圣,
　　　　伽底亚护神!
　　　　雄鼠和雌鼠,
　　　　袋鼠、田鼠,
　　　　土拨鼠,野兔;
　　　　少的和老的
　　　　一起离开本土,
　　　　我命令。
　　　　你们已被咒逐!
　　　　上自地上下至底下
　　　　从田间你们带来
　　　　疫病!
　　　　跟你们一起滚蛋,随便你们到哪里。
　　　　阿非利亚斯,爱斯特利亚斯,帕拉米亚塞特![①]

　　虽然庄园制度对农奴的限制重重,但中世纪的社会中仍然存在两个例外。其一,农奴如果逃入城市并在城里居留一年零一天,就可以获得自由身。其二,农奴如果被祝圣司铎,也可以获得自由身,不过这需要领主的同意。从今人的角度来看,往往容易倾向于强调中世纪农奴有限的人身自由这一消极面。不过,若是从中世纪农奴的角度来看,自

---

① 〔美〕汤普逊:《中世纪经济社会史》(下册),耿淡如译,商务印书馆 1963 年版,第401—402 页。

己能否"被束缚在土地上",对他们来说是相当重要的。被迫劳役的确令人厌恶,但与此相比,即使农奴逃入城市中,仍然可能要过着颠沛流浪的生活,甚至冒着饿死街头的风险。因此这份抽象的自由,远不如持有土地并勤勉地耕种来得吸引人。而且根据继承权,他们可以保有自己的那块地。

中世纪农业劳动者的生活水平常常处在温饱线上下徘徊的程度。虽然拥有土地的权利的确给他们提供了最低限度的安全保障和生活稳定,但如果不幸遇上歉收,就会遭遇饥荒。这恰恰是他们最苦恼的事情。在公元 790—793 年,中欧曾受灾深重;又在公元 805—809 年之间,遭受了一次饥荒。法兰克在公元 842—843 年之间发生了一次饥荒。到了 10 世纪,饥荒相对减少;但到了 11 世纪,却又是一个饥荒严重而又广泛蔓延的时期。洛林和东法兰克在这段时期内接连两次遭受持续长达三年的灾荒,一次是在公元 1003—1006 年,另一次是在公元 1031—1033 年。关于后一次灾荒,一个名叫拉尔夫·格拉勃的勃艮第修士曾有一些可怖的记录,包括食人的情形。亨利四世时代,神圣罗马帝国的西部和南部曾遭受九次灾荒,其中两次都持续了三年(公元 1060—1062 年和公元 1091—1094 年),而北部在公元 1066—1072 年之间,连续遭受了四次谷物歉收。到了 12 世纪初,神圣罗马帝国南部又发生了连续三年的饥荒;到了 1125 年,大半个西欧遍地饥荒。在 12 世纪中期(1145—1147 年),饥荒蔓延全欧洲。12 世纪也是以遍地灾荒作为终结(1195—1198 年)。在 13 世纪,1224—1226 年、1269—1273 年以及 1280—1282 年,都是艰苦的年代。在 14 世纪,1310—1317 年期间也是饥荒或半饥荒的年代。[1]

---

① 参见〔美〕汤普逊:《中世纪经济社会史》(下册),耿淡如译,商务印书馆 1963 年版,第405 页。

　　除了农民,中世纪贫民的典型形象也包括妇女。乡村中的贫困妇女充当领主或富裕农民家中的女仆或情妇,有些姑娘希望有朝一日能同主人结婚,但并非人人都能如愿以偿。底层的贫困妇女常常因为小偷小摸遭到起诉。她们偷窃的无非是食物、日用品或衣物。[①]

　　乡村妇女生活艰苦,而城镇中的妇女亦易于遭受贫穷的威胁。城市中的妇女无缘从事受人尊敬的工作,相反,许多妇女成为城市劳动阶层的最底层,她们常常从事收入极低的职业,即使是和男性同工,报酬也低于后者。例如在中世纪最重要的织布业中,妇女常常占据着其中技术要求最简单、收入最低的岗位——纺纱工、梳毛工、整经工。13世纪晚期巴黎的税收评估中,49％的女性户主因缴税而被列入“小人物”的名单中,而那些收入水平极低的妇女则根本无缘税收评估。[②] 由于单身女性无力通过日常的工作养活自己,因此她们中的许多人常常兼职卖淫。她们中的最贫穷者是整个妓女集团中地位最低下、受迫害最深的成员,无法在官办妓院中卖笑,因此遭到城市当局的驱逐,连同乞丐、流民一样成为社会的边缘人群。另外,每当欧洲中世纪史上掀起宗教狂热的时期,卖淫业往往蒙受巨大损失,导致妓女的生活处境恶化。[③]

　　大多数城市中贫困的女工从事的是女仆的工作,尤其到了中世纪后期,许多乡村女孩流入附近的城镇充当女仆,一时城中妇女人数大增。意大利卢卡的齐塔(Zita of Lucca)12岁踏进雇主的家门,一生尽

　　[①]　参见〔以色列〕苏拉密斯·萨哈:《第四等级——中世纪欧洲妇女史》,林英译,广东人民出版社2003年版,第267—268页。

　　[②]　See Margaret C. Schaus ed. ,*Women and Gender in Medieval Europe*：*An Encyclopedia*,New York：Routledge,2006,pp. 663—664.

　　[③]　参见〔以色列〕苏拉密斯·萨哈:《第四等级——中世纪欧洲妇女史》,林英译,广东人民出版社2003年版,第230—231页。

心服侍主人,恪尽职守,死后被封为圣人,是女仆的主保,她被描绘成手握一串钥匙的妇女形象。但并不是所有的女仆都有这般幸运。女仆的工资低于大多数城市劳动力。1350年法兰西规定了各行业的最高工资,其中也包括女仆的最高年薪。在主人家里干活的女仆,每年最多能挣30个苏(Sol),饲养牲口的女仆能挣50个苏,乳母也是50个苏。女仆中有些人从年幼时即开始劳碌,直至赚够妆奁的钱,有些人丧偶后才成为女仆,还有些人一生操劳直至年老体弱,再也无力劳作。主人有好也有坏。善良的主人允许年老体弱的女仆继续留在家中生活,无情的主人则将她们逐出家门,任其流落街头,自生自灭。主人拖欠仆人工资的事情也时有发生,有时仆人还得赔偿主人的损失。① 地中海沿岸的一些城市中,妇女的贫穷状况在中世纪晚期进一步恶化。例如加泰罗尼亚于1351年颁布法令,惩治改嫁的寡妇,强迫她们放弃已亡配偶的财产,只能保留自己的妆奁。这项法令减少了寡妇改嫁的情况,但也迫使许多寡妇不得不抛弃她们的子女。意大利北部的一些地区,诸如佛罗伦萨,在中世纪晚期黑死病爆发期间,也推出了一些将妇女的继承权仅限于妆奁的措施,使得许多孤女被其男性亲属骗取妆奁的情况时有发生。②

(二)自愿贫穷者的典型:亚西西的方济各

这位天主的人高兴地站起来,因主教的话而感到宽慰,拿来钱后说:"大人,我不仅把属于他的钱还给他,而且也高兴地把衣服还给他。"然后他进入了主教的房间,脱下了自己的衣服,把钱放在衣

---

① 参见〔以色列〕苏拉密斯·萨哈:《第四等级——中世纪欧洲妇女史》,林英译,广东人民出版社2003年版,第224—225页。

② See Margaret C. Schaus ed. ,*Women and Gender in Medieval Europe*:*An Encyclopedia*,New York:Routledge,2006,pp. 663—664.

服上面,再次出去,赤裸着身体来到他们面前说:"你们都听着,且要了解,在此之前我都称呼彼得·伯纳多内(Pietro Bernardone)为父亲;但是由于我决定侍奉天主,我把困扰他的钱还给他,而且把他给我的衣服也还给他,我只想说,我的父在天上,不是彼得·伯纳多内。"那时人们甚至发现那位天主的人华丽的衣服下面有破旧的毛布。他的父亲站起来,被激怒了,拿走了钱和衣服。就在他拿着这些东西走回家的时候,现场看到这一场景的人都很愤慨,因为他竟没有给儿子留下一件衣服,他们为方济各流下了同情的眼泪。主教感动了,赞美这位天主之人的坚定不移,拥抱了他并把自己的斗篷给他裹上。①

这是 13 世纪亚西西的方济各传记《三个同伴》(*Tres Socii*)中对方济各决绝脱离世俗、投入贫穷的描述。在中世纪所有的教会圣人中,方济各给人留下了特别深刻的印象。他并不是如彼得·隆巴德、托马斯·阿奎那那般智力超群的人,因为直至他走到生命的尽头,他的思想中也始终透露着一种孩子气的特质。他震撼人心的力量来自于他的个性以及他的言行。自愿贫穷的生活并不限于方济各的时代,从教会的初期就可以在埃及和近东的旷野中找到踪迹。而方济各式的贫穷属于中世纪,并且在一定程度上为这种生活方式赋予了具体的形式和色彩。在所有的自愿贫穷者中,方济各表现出了最突出的个性。他生于 1182年卒于 1226 年,这是一个灾荒严重而又广泛蔓延的时期,人心惶惶不安,而宗教热情也达到了极致,方济各便是在这个时代、这个地点中出现的人。

---

① 参见〔美〕亨利·奥斯本·泰勒:《中世纪的思维:思维情感发展史》(第一卷),赵立行、周光发译,上海三联书店 2012 年版,第 416 页。

方济各出生在一个富裕的家庭。他的父亲彼得·伯纳多内是一位成功的商人。方济各早年的生活与他后来的持守贫穷简直是天壤之别。年轻的他是个十足的纨绔子弟，挥霍无度，喜欢被人羡慕称赞，终日做着成为游侠骑士的美梦。他怀揣着梦想，参加了亚西西与佩鲁贾的战役，结果失败被囚。在做阶下之囚的这段时期内，他的内心和情感却发生了转折。在被释放返乡后，他竟让乞丐与他同处一桌用餐，强迫自己同麻风病人互施吻礼。他曾兴高采烈地出发去寻求世俗的荣耀，现在他又兴高采烈地返回追随天主的旨意。他在亚西西的达米昂教堂内产生神视后，骑着马拿了家中昂贵的布料去福利尼奥（Foligno）销售，他以"快乐商人"的身份谈了一个好价钱，并且把马也卖掉了。回来的路上，他又把钱捐给吃惊的达米昂教堂的教士，用来修复破旧的教堂。方济各的这一系列举动令其父伯纳多内震怒，他把方济各强行拉到市政官那里，控告他挥霍家中财产。这件事最终转到了亚西西的主教处，并发生了前文《三个同伴》描述的一幕。

在成就方济各的因素中，基督是最重要的。方济各的一生中并没有奥古斯丁那般的神学烙印，他只是从福音中认识和理解基督的生活和教导。他想模仿基督，字字句句听从他的教导，后者出生贫困，在穷苦中长大。根据《三个同伴》的记载，方济各在修复了达米昂教堂后，穿着穷人的衣服，用一条绳子作为腰带，走家串户端着碗乞食。他创造出"贫穷女神"（Lady Poverty）这一形象，并且深深热爱着她。除了弃绝财富，与社会的边缘人群走到一起，身无长物的他还与山间的鸟兽对话，歌唱鲜花、绿草、溪水、阳光。安贫乐道、自由无挂的方济各对于贫穷毫无保留的投入，以及他对大自然流露出的深切情感，在他自己创作的奇妙的《太阳弟兄之歌》（Canticum Fratris Solis）中最能体现：

至高、全能、至善的上主，

赞颂、光荣、尊敬，

和一切称扬，

都属于你！

至高者，惟有你堪当承受这一切，

谁也不配呼号你的圣名。

我主，愿你因一切受造物，

尤其因太阳弟兄而受赞颂：

因为你使他给我们带来白昼和光明，

他美丽又光辉灿烂；

至高的主，他正象征着你！

我主，愿你因月亮姐妹和众星辰受赞颂：

因为你将她们散布在天空，

她们光明、珍贵又美丽。

我主，愿你因风弟兄，

因空气、云雾、晴朗和气候的变换而受赞颂：

因为你借着他们维护并滋养一切生物。

我主，愿你因水姐妹而受赞颂：

因为她受用无穷，

却是谦下、珍贵而纯洁的。

我主，愿你因火弟兄而受赞颂：

因为你借着他照亮黑夜，

他美丽，愉快，刚强和猛烈。

我主，愿你因似慈母的大地姐妹而受赞颂：

因为她养活并照管我们，

为我们生产五谷和色彩颜丽的花卉。

　　　　我主，愿你因那些为你而宽恕他人，

　　　　且忍受不公及忧苦的人而受赞颂：

　　　　为维护和平而安心吃苦的人是有福的，

　　　　他必由你——至高者——获得冠冕。

　　　　我主，愿你因肉体死亡姐妹而受赞颂：

　　　　她是任何人也逃不过的，

　　　　身负大罪而逝世的人是有祸的，

　　　　承行你圣意而逝世的人是有福的，

　　　　因为第二次的死亡决不能伤害他。

　　　　你们赞颂、称扬我主吧！

　　　　以极大的谦卑感谢，事奉祂吧！

　　一些志同道合的人与方济各走到了一起。他们放弃个人的财产，一同过起了清贫的生活。当他们还没形成后来的方济各会、还是一个小团体的时候，方济各和他的弟兄们就四处游走，向人乞讨。方济各对他们说："我最亲爱的弟兄们，我的孩子们，不要羞于去获得救济，因为为了我们的主，使自己在此世贫穷，我们效仿他而选择了真正的贫穷。因为这是我们的遗产，是我们的主耶稣所获得而留给我们的，也留给那些以他为榜样，希望生活在神圣贫穷中的人。"[①]即使是在生命的临终时刻，方济各也在遗嘱中叮嘱自己的弟兄们："那些前来接受这种生活的人，都能够把自己的所有分发给穷人，他们满足于破旧的外袍、绳索和长裤，我们不再希望更多。"[②]

---

　　① 参见〔美〕亨利·奥斯本·泰勒：《中世纪的思维：思维情感发展史》（第一卷），赵立行、周光发译，上海三联书店 2012 年版，第 423 页。

　　② 同上书，第 434 页。

二、教会法学家论财产权

（一）财产私有与初期教会财产公有规定矛盾的调和

随着各种捐赠的积累，教会成为了中世纪欧洲最大的地主之一。主教座堂和修院在一定范围内拥有土地，这使得他们和中世纪的世俗领主一样拥有相当可观的经济资源。这一状况在中世纪盛期相当普遍，但也招致了一些教会内部批评的声音，其中尤其以方济各会最为著名。然而，教会法学家们普遍认可教会已经拥有的财产，他们认为教会拥有财产是必要而正当的。他们要面对的难题并非是方济各会这类来自外部的非难，而是如何将手中《格氏律》里古老的教会法律协调一致。格拉蒂安在《格氏律》中所引述的不少教父著作选段，都表达出谴责滥用财富的思想，甚至有些思想非常激进，暗含反对一切财产私有的想法。有些教规还赞成教会初期那种财产公用的模式。其中最典型的是第 2 部分第 12 案例下插入的一条教规。格拉蒂安在这个案例中设计了这样一个情节：

> 某些圣职人员想要放弃个人财产，他们制定了一份遗嘱，将部分财产赠予教会。①

格拉蒂安在这个案例下提出了四个问题，其中第 1 问是：

> 圣职人员是否可以拥有私人财产？②

---

① 　C. 12：Quidam clerici propria relinquere uolunt；de suis et ecclesiae rebus testamenta conficiunt；de rebus ecclesiae nonnulla largiuntur.

② 　C. 12，q. 1：Modo primum queritur：Utrum clericis liceat proprium habere?

上述提及的教规位于这个问题下的第二条。这是一封公元 1 世纪教宗克莱孟一世(Pope Clement I)写给耶路撒冷的雅各伯(James of Jerusalem)以及其他基督徒的信①,内容如下:

> 弟兄姐妹们,共同生活为所有人来说都是必要的,尤其是那些想要清清白白事奉天主的人,以及愿意效仿宗徒及信徒们生活的人。§1. 世上的一切所有皆应归公用。但因为不公,这人说这物是他的,另一人说那物是他的,就这样在凡人中出现了划分。§2. 其次,某位希腊智者知道会发生这样的情况,说一切都应由朋友们共有。然而这一切中无疑还包括配偶。"正如空气无法被分割,"他说,"太阳的光辉亦然,因此一切留给人们共有之物不应被分割,而要共有。"因此,上主借先知发声,说道:"看,兄弟们同居共处,多么快乐,多么幸福。"§3. 宗徒和信徒们也保持了这种习俗,如前所述,他们共同生活。正如你们所熟知,他们都是一心一意,凡各人所有的,没有人说是自己的,都归公用。我们中没有一个贫乏的人。§4. 凡有田地和房屋的,卖了以后,都把卖得的价钱带来,放在宗徒们脚前,照每人所需要的分配。§5. 然而,那个恶劣的人阿纳尼雅和他的妻子撒斐辣,因为在他们所卖田地的价钱一事上欺骗了宗徒,为了他们的罪和所撒的谎的缘故,他俩在周围人的面前(我们也在场),在宗徒的目光中倒下死了。因此我们嘱咐你们谨防此事,并命令你们顺从宗徒们的教导和榜样,因为那些忽视宗徒们的诫命的人,不仅成了罪人,还要被逐出教会。你们不仅要警戒,还要宣扬这一切。§6. 因此我们给予你们建议,劝勉你们审慎,以使你们不背离宗徒定下的规矩,而是过着共同的生

---

① 这篇手谕来自 9 世纪伪造的《伪伊西多尔集》,并非真实出自克莱孟一世之手。

活,正确地理解圣经,努力成就你们已熟知的。①

条顿人约翰对这段教规作了评注,他分析教宗为了证明一切所有都应归公用,举出了六条理由——自然法的要求、柏拉图的权威、先知的权威、宗徒的榜样、初期教会基督徒的榜样、阿纳尼雅和撒斐辣的反例。他援引《格氏律》第 2 部分第 28 案例第 1 问第 9 条教规,将教宗信中所用的"我们命令"一语解释为"我们劝勉"。不过他接下去写道:

> 然而,看起来这是一条命令,因为初期教会能够作出这样的命令,就像节欲一样;但如果在今天还这样命令的话,就会毁了整个教会,而这是不该发生的。②

教宗手谕中的要求,在初期教会可能容易实行,但和中世纪的经济生活模式来说,显然格格不入。中世纪的教会法学家并不认为解读教宗手谕中关于初期教会财产共有而感到困难,也没有因为早年教宗命令基督徒放弃个人财产而感到棘手。对他们来说这完全不是问题。他们轻而易举地指出,这种一千多年以前的生活模式安排在他们的时代显然不切实际。

(二) 财产私有与自然法矛盾的调和

1.《格氏律》中的困境

相比教宗的手谕,真正令中世纪教会法学家感到困惑,并且让他们

---

①　C. 12,q. 1,c. 2. 手谕中所称某位希腊智者,指的是柏拉图。格氏律学者认为"配偶的共有"并非指肉体上的共有,而是爱情上的共有。

②　Johannes Teutonicus ,Gl. Ord. ad C. 12,q. 1,c. 2: id est monemus. simile 28. q. 1 sic enim. videtur tamen quod hoc fuit praeceptum,quia primitiua ecclesia hoc potuit praecipere: sicut continentiam. sed si hoc hodie praeciperetur,deformare statum ecclesiae vniuerians: quod non debet.

觉得有必要解释清楚的,是财产私有和天主的意志——自然法——是否抵触。譬如,人们可以轻而易举地以《圣经·旧约》为依据,争论起初天主为了人类创造天地,并不是为了某个特定的人,因此无论是大地的产物还是阳光,都应该为全人类所共有。对教会法学家来说,他们的旨趣并不在于解释这样一种朴素的共产主义。相反,他们觉得有必要解释清楚的,是财产私有是否真如某些教会法律所指出的那样违背了自然法。

自然法是中世纪思想家们极热衷于讨论的一个话题。早期教父塞维利亚的伊西多尔(Isidore of Seville)在他的著作《词源学》(*Etymologies*)一书中对自然法所下的定义,对后世教会的自然法思想产生了深远的影响。格拉蒂安在他的《格氏律》第一部分第 1 类别中也收入了伊西多尔的定义:

> 自然法为万民所共有,因为它居于普遍的自然本性之中,而非由制定法所规定。例如男女的结合,儿女的繁衍和养育,万物的共有,万民同样的自由,从天空、大地和海洋中获得产物,出借财物的归还,以武力逐退暴行。以上,或者任何相似的,不被视为不义,而是自然和公平的。①

在定义中,“万物的共有”被伊西多尔视作自然法的一部分,但他实则是将“自然法”置于一个极为广阔的背景之下。而格拉蒂安从教会法学家的角度,为自然法下了他的定义。在《格氏律》第 1 部分第 1 类别的开篇,他写下了这样一段文字:

> 人类受制于两种规则——自然法和习惯。自然法包含于律法

---

① D. 1, c. 7.

和福音之中,它要求人们待人如己,己所不欲,勿施于人。因此基督在福音中说:"你们愿意人怎样待你们,也要怎样待人。全部法律和先知都系于此。"①

此外在《格氏律》第 1 部分第 5 类别开篇,他又对自然法作出了这样的描述:

现在,让我们回到自然法和其他律法的区别。§1. 自然法因为年代和尊贵的缘故,优先于其他一切律法。因为自然法从有理性受造物时便有,不因时而异,永恒不变。②

由此可见,格拉蒂安自己对自然法的定义,实则可以认为是将其视作一种基本的道德准则,格拉蒂安用《圣经·新约》中基督的话语"你们愿意人怎样待你们,也要怎样待人③"来解读,并且这种自然法在理性受造物一出现时便已具有,为人类理性所固有。

但格拉蒂安也不得不面对财产私有和自然法之间关系的问题。他在《格氏律》第 1 部分第 8 类别的开头写道:

自然法不同于习惯和制定法。因为自然法为万民所共有,这一点不仅据信为那些人所遵循,论及他们写到:"众信徒都是一心一

---

① D. 1,d. a. c. 1: Humanum genus duobus regitur, naturali uidelicet iure et moribus. Ius naturae est, quod in lege et euangelio continetur, quo quisque iubetur alii facere, quod sibi uult fieri, et prohibetur alii inferre, quod sibi nolit fieri. Unde Christus in euangelio: "Omnia quecunque uultis ut faciant uobis homines, et uos eadem facite illis. Haec est enim lex et prophetae."

② D. 5,d. a. c. 1.

③ 《新约·路加福音》第 6 章第 31 节。

意……",而且也可以在早期哲学家的教导中找到。因此柏拉图极其正义地为他的民众制定了规则,受其影响者都不知晓个人财产。而由于习惯和制定法,这物被说成是我的,那物被说成是他的。①

接着,格拉蒂安援引了一段教父奥古斯丁为《新约·若望福音》所作的评注:

你凭借什么律法来保卫教会的田地? 是天主的律法还是人的律法? 我们在圣经中有天主的律法,在国王的立法中有人的律法。凭借哪种律法人得以拥有他所拥有的? 难道不是人的律法? 因为根据天主的律法,"大地和其中的万物,属于上主"。天主用同一抔泥土创造了穷人与富人,又在同一片土地上哺育他们。而人的律法说:"这块田地是我的,这间房屋是我的,这个奴隶是我的。"如今,人的律法就是帝王的律法。为什么? 因为天主借世俗的皇帝和君王,将人的律法赐予人类。②

在这段文字之后,格拉蒂安又插入自己的评注:

自然法因其尊贵,自然优先于习惯和制定法。因此,任何被接纳的习惯,或是写下的法律,如果和自然法相违背,就一定是空虚无效的。③

---

① D. 8,d. a. c. 1.

② D. 8,c. 1.

③ D. 8,d. p. c. 1:Dignitate uero ius naturale simpliciter preualet consuetudini et constitutioni. Quecunque enim uel moribus recepta sunt,uel scriptis comprehensa,si naturali iuri fuerint aduersa,uana et irrita sunt habenda.

　　读者可以从格拉蒂安的评注中推导出这样一个结论——按照自然法,万物皆归公用;而人定法又许可了财产的私有,既然违背于自然法的人定法是无效的,那么财产的私有也必然是无效的。进一步思考,济贫是否还有存在的必要?因为济贫乃是出于人们为了自救而主张所需之物。而前述《格氏律》第2部分第12案中所援引的教宗克莱孟一世的手谕所表达出的含义也是和这种推断相吻合的。

　　令人更加困惑的是,格拉蒂安在《格氏律》中的其他地方,似乎有不同的论调,他认可了财产的私有。在《格氏律》第2部分第23案例第7问下,格拉蒂安援引了一篇奥古斯丁的书信:

> 除非是基于天主的律法(按照天主的律法,一切皆属正义),或是基于人的律法(即在世俗君王的权力之下),任何人都不能合法地持有任何财产……然而,任何利用这律法——世俗君王为了事奉基督,颁布这律法以纠正你们的不虔敬——妄图侵占你们的财产的人,都令我们愤怒。[1]

　　蒂尔尼认为,《格氏律》在财产所有权问题上之所以会出现这种两难(未能区分原始状态和道德本质),是因为格拉蒂安本人未能成功界定"自然法"的概念,他认为"自然"一词可以有两种解释,第一种解释是形容人类原处的状态,未受到人类文明的复杂习俗所染指;第二种解释是形容与人类这种受造物特有属性所相称的品质,即知性与灵性。前者指人类的根源,后者指人类的宿命。只有在第二种含义下的自然法,才能称作是永恒不变的道德规范。[2]

---

[1]　C. 23, q. 7, c. 1.

[2]　See Brian Tierney, *Medieval Poor Law: A Sketch of Canonical Theory and Its Application in England*, University of California Press, 1959, pp. 30—31.

2. 教会法学家对困境的解决

无论是出于对教会权威的尊重,还是为了法律实践的需要,《格氏律》中的这种困境都亟待解决。格氏律学者们开始从"自然法"一词的语义上做文章,以得出解决之道。《巴黎概述》的作者对《格氏律》第1部分第8类别的评注中,对自然法下了如此定义:"天主的律法在这里应该被严格地解读,即起初存在的自然法,也就是说一切事物原始制度。"①他认为天主的律法规定了财产的公用,应该理解为,在太初时,财产的公用是原始的制度。②

对自然法的含义做出精彩论述的是鲁费努斯,他的解释为后来的教会法学家所继受。鲁费努斯在他的《〈格氏律〉摘要》的序言中,描述了始祖堕落后,人类正义的秉直和智识的清明是如何受到严重的损害的。但因为人类自然的力量并未完全消失,他们开始意识到自己和野兽在智力和生活方式上有多么明显的不同,因此邻近的人聚到了一起,寻求公共福利,已经几乎消失殆尽的正义死灰复燃,这正义是谦卑和正义的指示,教导人类互相缔结协议,这样就诞生了几乎所有人类都遵从的万民法。③

之后在对《格氏律》第1类别的评注中,鲁费努斯开始了他对自然法的定义,这和格拉蒂安的定义很不一样。他写道:

> 自然法是某种由自然植入人类的力量,以追求善而避恶。自
> 然法包含了以下三者:命令(mandati)、阻止(prohibitiones)、示范

---

① Summa Parisiensis ad D. 8,c. 1: Jus divinum multum stricte hic accipitur,scilicet illud jus naturale quod fuit in initio,scilicet primaeva institutio rerum quasi non proprietate et Domino curatae sunt.

② Summa Parisiensis ad D. 8,c. 1.

③ Rufinus,prologus ad Summa Decretorum.

(demonstrationes)。命令如"你当爱上主你的天主";阻止如"不可杀人";示范如"一切所有皆应归公用""平等的自由",诸如此类……命令与阻止是不会有所减损的,但示范——自然既不指令,也不阻止,而是展示它的好处——尤其是平等的自由和财产公有。因为如今,根据国法的规定,这个奴隶是我的,这块田地是他的。[1]

鲁费努斯用了"示范"一词来说明这样的行为是准许的但并非是必要。这样,他在自然法的命令和阻止之间,增加了"法律既不指令也不阻止"的范畴。

图尔奈的斯蒂芬在他对《格氏律》第 1 部分第 1 类别伊西多尔的自然法定义一条中"自然法"一词的评注中,对自然法的意义做出了他的解释:

> 注意谈及自然法有四种形态。由自然植入人类和其他活物,从中延伸出男女的结合和儿女的繁衍和养育,这被称为自然法。起初就只源于人类的本性万民法也被称为自然法。作为我们最高本性的天主的律法,即天主的法律、先知和祂的福音教导并传授我们的,也被称为自然法。包含了人的律法、天主的律法以及由自然植入一切活物的律法,这也被称作自然法。而根据这最后一项认识,自然法所规定的,即是由天主的律法和其他初始的律法所规定的。或者,如果你能忍受第五种对自然法的认识,领会一下,这被称作自然法的指的是只被自然植入人类,而没有植入其他活物的东西,即追求善而避恶。这类似于天主律法的一部分。[2]

---

[1]　Rufinus,Summa Decretorum ad D. 1.

[2]　Stephanus Tornacensis,Summa ad D. 1.

斯蒂芬在这里所作的评注,实则是五种自然法的形态,在他所分的四种形态的基础上,他引用了鲁费努斯的定义。此外,他还采纳了鲁费努斯的命令、阻止、示范的区分。[①] 无论是鲁费努斯还是斯蒂芬,他们都认为,自然法中的命令和阻止都是不可改变的,而示范则不具有这样的约束力。他们将自然法所规定的财产公有归类于示范的范畴。

三、财产权与济贫的嫁接

(一)教会法学家对财产公有的解释

以上格氏律学者的注疏对于从语义上协调《格氏律》中的矛盾是充分的,但其不足之处是未能在自然律和财产的社会义务之间架构一种关系。乌古乔和条顿人约翰通过截然不同的解释,弥补了这一缺陷。

乌古乔只承认两种严格意义上的自然法——与人类特有理性关联的自然法和与一切生物的自然本能关联的自然法。他将格拉蒂安所指的自然法等同于前者。[②] 乌古乔解释,根据自然法,即理性的判断,一切所有都为公用,即由那些生活在贫穷中的人在急需之时的分有。因为自然理性引领我们认同,我们只该为自己保留必需品,而将剩余的东西留给急需的邻人。

条顿人约翰吸收了乌古乔的解释,并将其转化进自己的《〈格氏律〉标准注疏》。约翰给《格氏律》第 1 部分第 1 类别第 7 条教规所下的评注如下:

---

① Stephanus Tornacensis, Summa ad D. 1: Quod in tribus constat maxime, mandatis scilicet, prohibitionibus et demonstrationibus.

② See Michael Bertram Crowe, *The Changing Profile of the Natural Law*, Springer, 1977, p. 105.

要理解这些,就要注意"自然"一词被用于很多方面。有时候,自然指的是事物内在固有的力量,例如繁衍。第二个方面,是指冲动或来自生理欲望的自然本能,适用于食欲、生殖或养育。第三个方面,是指来自理性的自然本能。由这个意义上的理性所产生法律,被称为自然衡平。根据这种自然法,万物都被说成是共同的,即在急需之时的分有。第四个方面,是指自然的指令,诸如"不可杀人""不可奸淫"。天主的一切律法都被称为是自然律,而根据这种自然法,同样万物都被说成是共同的,即指分有。①

乌古乔和约翰的评注在这里清晰地给教会法中的自然法和济贫之间建立了一道桥梁。虽然从文字的表面来看,他们和他们的前辈一样,是在给自然法的含义进行分类,但超越前人之处在于,他们开创性地对"公有"一词进行了解释。而且约翰本人则进一步进行了阐发,他在针对这同一条教规中的"公有"进行的评注写道:

> 公有,根据自然法,是指没有私有。或者说公有,是指在急需之时的分有。②

他旋即援引了一条优士丁尼《学说汇纂》第 14 卷第 2 题下的一条条文,称根据《罗得法》,在危难之时,食物尤其要公有。实际上,约翰在这里故意断章取义。虽然《学说汇纂》的这条条文的确是《罗得法》的渊源,但其内容是关于发生海难时的弃货以及损失分担的规则。这条法律条文的最后规定,一切物品都应拿来计算对损失的弥补,除了那些为

---

① Johannes Teutonicus,Gl. Ord. ad D. 1 c. 1.
② Johannes Teutonicus,Gl. Ord. ad D. 1 c. 7.

了消费的缘故而带上船的东西,包括食物。而且关键的是,如果在航行中缺失了这类物品,每个人都要将属于他的东西充公。约翰把这样一条实质内容毫不相关的海商法条文引入在这里,实则是将其置于自然法的理论基础之上,使得"在急需之时的分有"成为了一项普遍的衡平法则。

约翰有关财产权和济贫更为详实的解释,见于他为《格氏律》第一部分第 47 类别第 8 条教规的评注。这条教规来自教父安布罗斯的一段布道辞:

> 但他说:"如果我勤勉地照看属于我的私人财产,不妨碍他人,哪还有不义呢?"啊!这话太厚颜无耻了!你说私人财产?什么?你从哪个隐蔽的地方把这财产带到世上?当你来到日光之下,当你从你母亲的腹中出生,你身上塞满了什么财富和物资?无人能将公有之物说成是自己的,如果有人从中拿取超过他所需的,就是干了暴行。天主没有给我们均分生活的物资,你当然富裕而丰盈,祂使别人匮乏,他们就匮乏,难道这样天主就是不义的吗?或者更是因为祂愿意对你进行慈爱的试探,而为他人加上忍耐之德的冠冕?你接受天主的馈赠,收入自己的篮内,你一个人占有了那么多民众生活的物资,你以为自己没做不义之事?还有谁会比一个不为己用却为了富裕豪华而占有民众食物的人更加不义、更加贪婪呢?比起有能力却拒绝提供过剩资源给需要的人,夺取的罪一点也不小。你扣下的面包属于饥民,你掀开的衣服属于衣不蔽体的人,你埋在地下的是可怜人的赎回和清偿的价款。因此希望你知道你已妨碍了那么多好人,只要你愿意,你就能供给他们。①

---

① D. 47,c. 8.

安布罗斯的这段话看似义愤填膺，实则触及了两个问题——财产的所有权和使用权。约翰针对"无人能将公有之物说成是自己的"一句，援引了《格氏律》中的三条教规。这三条分别是《格氏律》第 2 部分第 12 案例第 1 问下的第 7 条教规，来自教父哲罗姆对《旧约·肋未纪》的评注：

> 有两类基督徒……第二类基督徒是平信徒，LAOS 就是民众的意思。他们被准许拥有世俗财产，但仅仅是为使用之故。他们被准许结婚，耕种土地，在人群中行使审判，追求自己的事业……①

《格氏律》第 2 部分第 12 案例第 2 问下的第 70 条教规，来自教父安布罗斯的《论职责》一书选段：

> 教会拥有金子，不是为了贮藏，而是为了支出，用于那些急需的人身上。守着没有益处的东西有什么必要？难道我们不知道亚述人从上主的圣殿中掠夺了多少金银？如果其他的物资不够，司铎们熔了金子，用于穷人的生计，比起被亵渎天主的敌人夺去玷污，难道不更好？难道上主不会说："你们为何让那么多穷人死于饥饿？你们不是有金子吗？你们应当用于生计。"……②

以及《格氏律》第 1 部分第 86 类别下的第 14 条教规，来自安布罗斯《论职责》一书的另一选段：

---

① C. 12，q. 1，c. 7：Duo sunt genera Christianorum … Aliud uero est genus Christianorum，ut sunt laici. LAOS enim est populus. His licet temporalia possidere，sed non nisi ad usum.

② C. 12，q. 2，c. 70.

祝愿得好是不够的，还要做得好。做得好也是不够的，除非我们的行动源于良善的源泉，换句话说，就是良善的意志。完美的慷慨通过信仰、事例、地点、时间来命令，首要的任务在于信众的家庭。若你知道信众有急需，如果你知道那人丧失了谋生手段，面临饥饿，艰难挣扎，尤其是以此为羞的人，如果有人深陷诉讼面临财产被没收或诬告，而你未能帮助他，如果有人因债身陷囹圄，遭受惩罚或折磨（每个人都值得怜悯，尤其是义人），在他受难之时，你袖手旁观。如果有人被引入亡途，在他危难之时，你的金钱比那将死之人更重要，这就是大罪，而绝非轻罪了。①

在再一次援引前述的优士丁尼《学说汇纂》中有关海损的规定后，约翰重申了"公有，即在急需之时的分有"。只是他在这里回避了财产公有的问题，而是在自然法和财产权的背景之下，将法律解释的重点放在了富人对贫民救济义务的问题之上。

（二）贫民对他人过剩财产的权利

约翰的评注中没有对财产私有的否定，否定的是占据远超个人所需的过剩之物的权利。但约翰注解道，人们甚至可以在别人没有急需之时保有过剩之物，但一旦有急需之时，这些个人的过剩财产就要被充公，与有急需之人分有。这从他对《格氏律》第 1 部分第 47 类别第 8 条教规（前文安布罗斯的布道辞）的评注可以看出，他在针对文字中"暴行"一词作的评注：

这是说人们夺取财产超出自己的需要。指的是在有急需之

时这么做。如果在其他时候，那持有超出自己所需的人就能这么做了。①

约翰甚至鼓励将自己的必需品拿出救济贫民的行为。这从他对《格氏律》第 1 部分第 86 类别第 18 条教规——安布罗斯《论职责》一书选段——的评注中也可以得到明证。这条教规的内容如下：

> 对贫民采取正确的手段，使他们拥有更多，而不超过为取得帮助的正常限度，是一种美好的慷慨。出于纯净而真诚的性情的，不夺取过剩的房屋，不无视有急需之人，这便是美好的……司铎应该时常开销行仁慈之举，他应当施舍外方人，不要超出必要，足够便好。让我们分享他人的痛苦，在我们的邻人有急需之时尽力帮助他们，尽我们的所能，甚至有时候超过我们的能力。因仁慈的缘故而承受非难总要好过没有同情心。我们曾经自己也遭受非难，为了赎回俘虏，打破了圣器。②

约翰在这里对"尽我们的所能"所作的评注为：

> 当我们抽出自己的所需，直至一无所有，便是尽我们的所能了……如果我们这么做，就一定会受到赞扬。③

由此可见，为了帮助别人所需，人们甚至被允许将自己的必需品也

---

① Johannes Teutonicus, Gl. Ord. ad D. 47 c. 8.
② D. 86, c. 18.
③ Johannes Teutonicus, Gl. Ord. ad D. 86 c. 18.

拿出。

约翰实际上创设出了这样一个原则——在没有急需之时,可以保留过剩之物,在有急需之时,将自己的过剩之物公有是一种义务,而将自己的必要之物拿出,这则是一种当受赞扬的美德。后来的教会法学家接受了他的这一理论——过剩之物应该交给贫民分有。但他们从未将其视作某种平均主义,他们也从未设置一项均贫的标准——任何超过这一标准的人,都被视作持有过剩之物。

无论是中世纪的世俗社会,还是教会本身,都有着等级制度的结构。因此中世纪的教会法学家也认为,不同阶级的人应该有不同的生活方式,因此也就有了不同的标准。教会法学家对生活状况的标准有他们自己的判断。条顿人约翰自己对《格氏律》中的一条教规的评注,或许能够体现一二。

这篇手谕是《格氏律》第 1 部分第 41 类别第 7 条教规,是一条来自第四次迦太基宗教会议的决议,这条决议的规定如下:

> 主教应持有廉价的家具和桌子,日常饮食保持粗劣。他应诚心诚意地追求其声誉的威信以及生命的价值。①

约翰评注道:

> 今天的情况不同了,主教拥有充足的财产。如今总主教巡视时,可以由 50 位骑兵护送。②

---

① D. 41, c. 7: Episcopus uilem supellectilem, et mensam ac uictum pauperem habeat, et dignitatis suae auctoritatem fide et uitae meritis querat.

② Johannes Teutonicus, Gl. Ord. ad D. 41 c. 7.

约翰·安德烈在对《格里高利九世手谕集》第 1 卷第 3 题第 17 条教规——教宗英诺森三世写给米兰总主教的书信——的评注中认为,充足应该是满足本人和他的属下,且应该享有高贵与知识。① 英诺森四世则认为,充足指的是高贵、知识和尊严。②

从上可见,教会法学家普遍认为,教会内部的生活水平已经远非初期教会那么朴素了。将生活的标准降到温饱线,似乎已然与那个时代格格不入。因此,所谓的过剩之物,其实是指人们在过一种体面的生活之外所冗余的东西。

条顿人约翰所设立的原则其实蕴含着另一层含义,即贫民在有急需之时,有权从公有物中得到帮助。如约翰本人在对《格氏律》第 2 部分第 12 案例第 1 问第 11 条教规所作的评注:"我们拥有的过剩之物属于贫民。"③对《格氏律》第 1 部分第 86 类别第 19 条教规所作的评注:"超出了你的需要的东西,属于他人。"④

教会法学家甚至在评注中解释,贫民偷窃不算是犯罪。条顿人约翰把《格氏律》第 2 部分第 12 案例第 2 问第 11 条教规——这条教规是教宗格里高利一世(Pope Gregory I)回复坎特伯雷的奥古斯丁(Augustine of Canterbury)的信件,收录在尊者比德(Bede the Venerable)的《英吉利教会史》(*Historia Ecclesiastica Gentis Anglorum*)中,是格里高利一世对奥古斯丁询问如何处理在教堂内行窃的小偷的答复——解释为:"有人说,与其偷窃毋宁去死。要说极为穷困可以成为理由,这样说法更为人道"。⑤ 又如帕尔玛的伯尔纳德对《格里高利九世手谕

---

① Johannes Andreae, Gl. Ord ad X. 1. 3. 17.

② Innocent IV, Commentaria ad X. 1. 3. 17.

③ Johannes Teutonicus, Gl. Ord ad C. 12, q. 1, c. 11.

④ Johannes Teutonicus, Gl. Ord ad D. 86, c. 19.

⑤ Johannes Teutonicus, Gl. Ord ad C. 12, q. 2, c. 11.

集》第五卷第 18 题第 3 条教规的评注：小偷被处以补赎，据了解是因为他并不算贫穷，如果他极端贫穷，就不会被处以补赎了，因为在急需之时一切都是公有的。贫穷无法证明罪有应得，在这种情形下偷窃不是罪，因为小偷对所得之物享有权利。[①]

条顿人约翰甚至在对《格氏律》第 1 部分第 47 类别第 8 条教规所作的评注中，引用优士丁尼《法学阶梯》中的条文解释说，任何人不能用他的个人财产犯罪，而一定要有益于公共福祉，以免他滥用自己的财产。约翰接着对这条教规中末尾为富不仁的情况作了评注，他提出了这样一个设问："贫民是否能向这些为富不仁的人索要？"他继而回答了自己的问题——贫民不能通过直接的审判以满足要求，但他可以向教会指控拒绝救济的人，而教会则能够强迫这个人履行义务。条顿人约翰在这里引入的是一种被称为"福音的指控"（denunciatio evangelica）的司法程序，是由教会法学家所发展出的一种衡平法则，为了让那些受到侵害，却缺乏正式的理由在世俗法院提起诉讼的人，获得救济的途径。

（三）贫民对教会财产的权利

除了关注一般的财产所有权，教会法学家还特别关注教会财产的所有权及其与济贫之间的联系。教会财产的所有权这一问题的特点在于，中世纪的教会法学家们不会将这些财产的所有权归于某位管理教堂的主教或司铎。他们坚称，圣职人员不得将教会财产挪为己用。教长在某种意义上可以被定义为代表真正所有人行使权利的受托人。中世纪教会法学家的关注点在于，谁才是教会财产的真正所有人。

初期教会的信徒通常认为，一座教堂财产的主人是这座教堂的主

---

① Bernardus Parmensis, Gl. Ord. ad X. 5. 18. 3.

保圣人。当他们向某所名为圣彼得或圣保罗的教堂奉献钱款时,他们会将钱献给圣彼得或者圣保罗。有时候,教堂也会被当作是教会实体化的机构,被视作是有能力接受献仪的法人。《格氏律》中收入的一些早期教父的著作选段,提及了教会财产的所有权归属。他们常把奉献给教堂的财产的所有权归于天主。这样的论述未免过于抽象,并且不具备实践性。中世纪的教会法学家指出,世界上的一切都属于天主,教会财产属于天主在某种更加特别的意义上仍然是和精确的法律定义无关。

此外,早期教父也常将教会财产视作"穷人的遗产"。如《格氏律》第 2 部分第 12 案例第 1 问第 28 条教规,引自奥古斯丁致博尼法斯的一封书信:

> 我们若拥有为我们足用的私有物,那么其他的那些东西就不是我们的,而是属于那些我们所代理的人。所以,我们不可用那种受人谴责的侵占行为,占为己有。①

又如《格氏律》第 2 部分第 16 案例第 1 问下的第 68 条教规,这条引自哲罗姆写给教宗达玛酥的书信:

> 凡圣职人员拥有的,皆属于穷人,他们的房屋应该属于公有。②

早期的格氏律学者几乎没有人触碰这个问题,但到了 13 世纪初,

---

① C.12,q.1,c.28: Si priuatum possidemus,quod nobis sufficiat,non illa nostra sunt,quorum procurationem quodammodo gerimus,non proprietatem nobis usurpatione dampnabili uendicamus. 这里"所代理的人"指的是贫民。

② C.16,q.1,c.68: Quoniam quicquid habent clerici pauperum est,et domus illorum omnibus debent esse communes. . .

有四位格氏律学者对这一问题有过论述。法国的某位佚名格氏律学者在其注疏《请看狮子的胜利》(*Ecce Vicit Leo*)中,认为教会财产的所有权虽然不是任何圣职人员所固有的,却可以由他们集合的团体所拥有,这或许就是主教座堂的圣职团会被视为该教区所有收入的拥有人的原因。但这可能会造成教会财产落入圣职团个别成员之手的可能,而这部注释没有给出答复。他只是转而将所有权归于天主和贫民。另一部《帕拉蒂尼注疏》(*Glossa Palatina*)的佚名作者则提到了将接受奉献的教堂视作虚拟的法人的可能,但其作者更倾向于另一种解决方法,虽然所有权无法被授予个别圣职人员或个别团体,但可以认为是由全体圣职人员享有。条顿人约翰在他的《〈格氏律〉标准注疏》中提到了这些以及其他人的观点,他在针对《格氏律》第 2 部分第 12 案例第 1 问第 13 条教规的评注中写道:

> 有人问教会财产的物主是谁?贫民被称为是物主吗?支持的观点如……有人说教会是物主,如……有人说遗产是物主……其他人说是天主,如……或者说支配权由圣职人员享有,如同一个社团财产的支配权由其公民享有,如……还有贫民被说成是物主,因为他们从中获得救济。①

第四位格氏律学者乌古乔,他的解释是教会财产属于整个基督徒社团,他在针对格氏律第 2 部分第 23 案例第 7 问第 3 条教规的评注中写道:"这些东西属于天主教会,不是指墙壁,而是指信友的集合。"蒂尔尼指出,虽然这种观点已经接近于后来教会法学家的主流观点,但乌古乔的贡献却被后人忽略了,后人常以为乌古乔将教会财产的所有权只

---

① Johannes Teutonicus, Gl. Ord ad C. 12, q. 1, c. 13.

归属于天主。①

教宗英诺森四世对这个问题的解释对后来的教会法学起到了推波助澜的作用。他把宗徒保罗有关"教会是基督妙身"的理论运用在教会财产属于天主或者基督这样的陈词滥调之上，给后者赋予了新的含义。保罗在《新约·罗马书》中提到，众人在基督内都是一个身体，彼此之间，每个都是肢体。因此奉献给基督的钱款可以认为是奉献给教会的，这实际上指的是整个基督教会。英诺森四世在对《格里高利九世手谕集》第 2 卷第 12 题第 4 条教规的评注中这么写道：

> 论及此，可以注意以下材料：不是教长，而是基督拥有支配权以及对教会财产的占有，因此任何人向教会的奉献，都被说成是向天主的献祭……或者诸教会拥有财产，如……这指的是信友的集合，其元首是基督……如果发现其他认为奉献给天主的财产属于主教或教长的观点，那是指交由他们来看守。也有说是属于贫民，这是基于救济的原因。为了公共福祉，这些财产以教宗的权威，划分给了不同地区的教会，对它们的管理权被授予主教和其他教长。②

根据这样的观点，所有权被寓于整个教会共同体，圣职人员只是行使管理的权利，而贫民则有权从公有财产中获得帮助。英诺森四世还在给《格里高利九世手谕集》第 3 卷第 34 提第 8 条教规的评注中写道："教宗和诸教会以全人类的名义拥有一切，为的是帮助危难中的人。"塞古西奥的亨利进一步扩展了英诺森四世的观点。他首先重复了所有权

---

① See Brian Tierney, *Medieval Poor Law*: *A Sketch of Canonical Theory and Its Application in England*, University of California Press, 1959, pp. 41—42.

② Innocent IV, Commentaria ad X. 2. 12. 4.

属于信众的共同体,继而分析了哲罗姆的话——凡圣职人员所有的——他解释这是指凡圣职人员所管理的,即贫民可以从教会的财产中获得帮助。因此,无人可以将属于教会的东西——给予公共福祉的——称为是自己的。他还说道,教宗和各教会不是以自己的名义持有财产,而是以公有财产的名义,因此他们可以帮助一切贫穷的人。这对后来的教会法学家很有用,他们不再苦于思索将所有权放置在哪个特定的人身上,而是调解对这些财产主张所有权的不同阶级之间的对立。14世纪的教会法学家亨利·德·波伊克(Henricus de Bohic)对教会财产上的不同权利的解释被广为接受:

> 如果你问教会财产属于谁,这里说是属于教会……其他地方说是属于天主……其他地方说属于贫民……又有说是属于圣职人员……但塞古西奥的亨利和其他人协调了上述观点,我认为是正确的,即教会,信众的共同体,对这些财产有所有权,而基督是他们的元首。就贫民可以获得帮助的说法是真实的,就圣职人员可以管理财产的说法也是真实的,因此圣职人员被叫做代理人,而非所有人。①

四、教会法上财产权的意义

如前所述,教会法学家们将财产和济贫的主题紧密结合,强调贫民有权从公有的财产中获得帮助,超过个人生活所需的财物应该用以救济贫民。笔者认为,教会法学家们的注疏包含了两层意义,第一层是强

---

① See Brian Tierney, *Medieval Poor Law: A Sketch of Canonical Theory and Its Application in England*, University of California Press, 1959, pp. 42—43.

调个人拥有财产的合理性,第二层是强调财产的社会公益性。虽然他们的阐述简要,但却在他们身后的一个世纪中,经由托马斯·阿奎那的复述与修正,从而发展成为中世纪经典的自然法与财产权理论。同时,与我们以往的认识不同,教会法学家们的这些思想,恰恰同方济各与方济各会产生了共鸣。

(一) 对阿奎那神学的影响

阿奎那将自然法定义为"有理性的受造物对永恒法的分有"[①]。而他在《神学大全》中尝试对伊西多尔的自然法定义进行解释时,他又对自然法下了另一个定义:"反面之习惯不是由自然而来"。阿奎那举了一个例子,人类赤身裸体本属于自然法,因为衣裳并非由自然给予,而是人类技术的产物。从这个定义出发,阿奎那又联系到财产权利的问题。"财产公有是自然法的规定",这样的说法即是指第二层含义上的自然法,因为财产私有不是自然的产物,而是人的理性为了人类生活的用途所引入的。所以这里的改变,只是由于有所增加。[②] 在《神学大全》的其他章题中,阿奎那又解释说,财产公有属于自然法的说法,并不是因为自然法规定了一切的东西都应该为大家所共有,而是因为财产在事实上的分有,不是出于自然法,而是人类理性于自然法的增补。[③]

在《神学大全》中另一题有关"拥有身外之物是否合乎人类本性"的讨论中,阿奎那又再次触及这一主题。他从身外之物的性体入手,认为这性体不属于人的权利,只属于天主的权力,万物都服从天主的旨意。

[①]　Summa Theologica I—II 91.2.

[②]　Summa Theologica I—II 94.5.

[③]　Summa Theologica II—II 66.2.

而天主按照自己上智的安排,使有些物为保养人的身体所必需,为此,人类对于这些东西,在有权使用它们的角度来说,享有自然的主权。[①]他认为,有关身外之物,人类有两种权力,一是求得此物并加以处理的权力。如果每个人各自关心求得自己的东西,人间的事务便得以有序进行,相反如果毫无分别地操心任何事,就会杂乱无章。二是使用此物的权力。有关这个方面,阿奎那认为,人不应该把身外之物视为己有,而应该把它们看作公有,这是说一个人应该易于与人共享,以支援别人的急需。[②]如此,阿奎那将主题引向了重点——对个人拥有财产的认可,以及对财产社会公益性的强调——一个世纪前教会法学家们思想的重现。蒂尔尼通过文本的对比,指出阿奎那在这一题中的文字表述和乌古乔《〈格氏律〉评注》中的注疏相重合,显示出他极有可能参考了教会法学家的评注。[③]

(二)与方济各思想的共鸣

亚西西的方济各曾经把货币比作是驴粪,严禁修士个人触碰、拥有金钱和地产,因此近现代的学者大多将其视作极端贫穷的典型例子。如此看来,方济各与其追随者们的理念似乎不但与教会法学家们个人可以保有财产的主张无甚交集,甚至可以说是互相冲突。但这往往忽视了方济各思想中的另一个层面。

方济各放弃个人的财富,走近乞丐、娼妓、麻风病人等社会边缘化人群,与鸟兽对话,又为自然界中的青草、鲜花、溪水、烈火等深深吸引,这远非 19、20 世纪的学者所强调的浪漫主义色彩这么简单。方济各的

---

① Summa Theologica II—II 66.1.

② Summa Theologica II—II 66.2.

③ See Brian Tierney, *The Idea of Natural Rights*, Atlanta: Scholars Press, 1997, p. 146.

流浪生涯常常迫使他远离城镇,徘徊于洞穴、森林等处,这使得他发现世界的丰富多彩绝非可以简单地归结为金钱,他借此提醒人们注意金钱以外的生活意义。方济各出身在富裕的商人家庭,但即便是在他弃绝尘世,将自己身上的衣服脱下交给父亲,并与之决裂的时候,他放弃的只是个人的世俗财富,并不能将这一举动视作他主张教会不可以拥有财产。他在福利尼奥将自己家中昂贵的布匹与马卖掉后,却把钱捐给圣达弥盎教堂贫穷的教士,用来修复破旧的教堂,这表明修士个人可以视金钱为粪土,但金钱却对教会和民众是有用的。的确,无论是方济各还是他身后的方济各会知识分子们,他们都常常在自己的文字作品中提及财富。他们的目的是想论证财富与效仿基督生活之间毫不相关,因此为度清贫的生活,远离财富乃是必要的。例如,方济各在他所写的会规中,要求新入会者变卖其所拥有的一切。修士们对于新人的加入,必须审慎,避免插手新人的俗务,或者无论是直接还是间接地收受钱财。但我们也应该看到,会规要求新入会者变卖一切财产,是要他周济贫民。而如果修士们有所急需,仍然可以接受新人除金钱以外的其他物资。1223 年教廷批准的正式会规中这么写道:"我严格要求我所有的弟兄们不能以任何形式收受货币金钱,无论是个人还是通过第三人。然而,长上与监管可以格外留心,通过他们的修会伙伴为病人提供所需,并由他们判断必要与否,照地域、季节与寒冷气候的情况,为他人提供衣物。"①由此可见,财产对于救助病人是不可或缺的,甚至是维持生存尊严所必需的。

方济各在自己的遗言中也写道:"我亲手劳作,我选择劳作,而我坚信我所有的弟兄们应该从事一些体面的交易活动。如果他们不懂该怎

---

① See Giacomo Todeschini, *Franciscan Wealth : From voluntary poverty to market society*, The Franciscan Institute, 2009, p. 68.

么做，就让他们学着……"①可见，方济各会也并不排斥商业活动，财产的真正意义在于被用来满足有需要的人，这就是强调了经济活动必须时刻以公共利益为宗旨。拒绝把财富用于公益，浪费或者单纯地为了私人囤积，是不道德的行为。方济各会非常敌视犹太商人的活动，因为他们以家族血缘为纽带的内聚性，使得他们所积累的财富难以被用于教会的慈善事业之中。而如果换做是基督徒商人的话，他们放贷收取恰当利息，或者从事贸易活动等，积聚的财富最终都可能会造福贫民，而这恰恰是应当鼓励的。正是基于这样的认识，在中世纪后期，方济各会积极倡导并开办了向贫民发放低息贷款的机构，成为了创办近现代银行的先驱。

　　教会法学家们笔下对个人拥有财富的合理性以及财富社会公益性的强调，恰恰同方济各的思想如出一辙，两者互为印证。而这一思想又和教会济贫法互相紧密结合。当教会的财产被以贫民的名义使用时，就不存在私人的财产。财产是公有的财产，其所有权属于整个天主教社团，因为公共福祉的目的而被托付于教会的管理者，尤其是为了济贫的目的。而当主教使用教会收益帮助贫民时，他实在是在实施公共救助。这正是对那些"中世纪教会缺少公共救助""接济贫民是教会的恩赐"误读的最好解释。

---

　　① See Brian Tierney, *Medieval Poor Law: A Sketch of Canonical Theory and Its Application in England*, University of California Press, 1959, p. 11.

第三章　教会法上的慈善

慈善(charity)是中世纪教会法济贫法的核心。慈善体现了一种善良意愿,在社会中不问物质回报地给予有需要的人群帮助,通常捐赠布施物,通过相关机构赠予有需求的人。慈善关系着施予者和受施者各自的态度和彼此之间的关系。本章将重点讨论教会济贫法中的慈善。

一、慈善的动机——实践慈善的理由

有关慈善,一个很重要的问题就是慈善的动机。因为慈善的动机关系着慈善的方式等一系列后续问题。为何要帮助有需求的人决定了如何来帮助有需求的人。

"慈善的动机是什么"这样的一个问题对任何一个熟悉圣经的中世纪知识分子来说,或许再熟悉不过了。慈善的动机可以是出于爱,如耶稣教导他的门徒:"我给你们一条新命令:你们该彼此相爱;如同我爱了你们,你们也该照样彼此相爱"[1],"你应全心,全灵,全意,爱上主你的天主。这是最大也是第一条诫命。第二条与此相似:你应当爱近人如你自己。全部法律和先知,都系于这两条诫命"[2]。慈善也可以是一种责任,如依撒意亚先知谴责那些为富不仁者:"祸哉,你们这些使房屋

---

[1] 《新约·若望福音》第 13 章 34 节。
[2] 《新约·玛窦福音》第 22 章 37—40 节。

毗连房屋,田地接连田地,而只让你们自己单独住在那地域内的人! 万军的上主在我耳边宣誓说:那许多房屋必将成为废墟;巍峨华丽的,必无人居住。"①此外,在《圣经·新约》中,慈善还与永生相联系,实践慈善更是基督徒的义务,如耶稣的教导:"你们给,也就给你们;并且还要用好的,连按带摇,以致外溢的升斗,倒在你们的怀里,因为你们用什么升斗量,也用什么升斗量给你们②",以及对最后公审判的预言:

> 那时,君王要对那些在他右边的说:我父所祝福的,你们来吧! 承受自创世以来,给你们预备了的国度吧! 因为我饿了,你们给了我吃的;我渴了,你们给了我喝的;我做客,你们收留了我;我赤身露体,你们给了我穿的;我患病,你们看顾了我;我在监里,你们来探望了我。那时,义人回答他说:主啊! 我们什么时候见了你饥饿而供养了你,或口渴而给了你喝的? 我们什么时候见了你作客,而收留了你,或赤身露体而给了你穿的? 我们什么时候见你患病,或在监里而来探望过你? 君王便回答他们说:我实在告诉你们:凡你们对我这些最小兄弟中的一个所做的,就是对我做的。③

从以上的圣经经文可以看出,实践慈善的动机,不仅是出于爱,也是一种为了避免谴责的责任,还是为了分享基督所允诺的永生国度的福乐所要实践的义务。这显然包含了一种利己的因素。而最后一点,也成为了中世纪教会为了推进慈善事业而经常举出的旗帜。被收入在《格里高利九世手谕集》中的一条第四次拉特朗大公会议的决议就是典型:

---

① 《旧约·依撒意亚先知书》第 5 章 8—9 节。
② 《新约·路加福音》第 6 章 38 节。
③ 《新约·玛窦福音》第 25 章 34—40 节。

……未来，教长不应让那些出于敬拜而来到他们教堂的人受到一文不值的赝品或者伪造文件的欺骗，正如在许多地方，有人为了获益的目的还行了这些事。我们也禁止接纳那些搜集布施的人，他们中有些人满口谎话欺骗他人，除非他们出具来自宗座或教区主教的真实的信件，在这样的情况下，他们不必向人们宣讲什么，仅凭信中内容就够了。我们在此列举宗座通常出具的这类信件的格式，地方主教可以自行模仿：

因为，正如宗徒所说，我们众人都要站在天主的审判台前，依照我们肉身所行的事受审，无论是善是恶。我们都应在这收割之日前多行极仁慈的善工，为了永恒的福利，播撒种子，以使我们得以在基督再临之日于天国中丰收果实；保持坚定的望德和信德，因为小量播种的，也要小量收获；大量播种的，也要大量收获。由于善堂的物资可能无法满足涌来的弟兄和贫民，因此我们告诫并劝勉主内的你们所有人，并嘱咐你们，为了你们罪恶的赦免，从天主所赐予你们的财产中，给予他们善意的布施和慷慨的资助，这样借由你的帮助，他们的需要得到了关怀，而你也可以借着此举和其他在天主启示下所行的善事收获永恒的福乐。[1]

这条教规原本是规定了，搜集布施者应该凭相应的证明方能进行，并且提供了这类证明信件的格式。但这封信件的内容，显然表达了凭借慷慨的慈善行为，可以获得极大的赏报。这种中世纪教会法中论及慈善所直言不讳表露出的利己，招致了后世学者的诸多批判。最多的争议是，中世纪教会的慈善缺乏一种真正的利他因素。蒂尔尼认为，这种非议是值得商榷的，因为无论是圣经的教导，还是中世纪教会法学家

---

[1]　X. 5. 38. 14.

的努力,都使得济贫(施舍)变成了一种正义的行动和爱的行动,而不是一种感情用事的冲动。人的义务是爱天主和爱人如己,这也是天主的诫命。一个人如果凭着为其灵魂有益处的念头而实行天主的这项诫命,或许会被认为是自私,但如果全人类都可以做出这种"自私"的行为,或许世界会运行得很好。①

二、慈善中的施予者

如前所述,慈善关系着施予者和受施者各自的态度和彼此之间的关系。中世纪教会法上的慈善也可以从施予者和受施者两个方面来解读。就第一个方面,中世纪教会法学家主要关注施予者的行为、主观意识以及布施物等几个方面。一项有效的布施包含了三个要素:(1)布施物的品质;(2)施予者的行为;(3)施予者的意向。

(一)布施物的品质

出于对施予者灵魂益处的考虑,教会法学家特别关注布施物的品质,因为这直接关系到布施是否有效。

1. 禁止以不义之财布施

格拉蒂安在《格氏律》中所援引的一系列教规,都强烈谴责以非法所得的不义之财进行布施,这样的行为被认为是对灵魂毫无益处的。《格氏律》中提到不义之财主要有如下几种。

(1)买卖圣职的所得

买卖圣职是指用金钱买卖教会职位的行为,其拉丁语 simonia 可

---

① See Brian Tierney, *Medieval Poor Law: A Sketch of Canonical Theory and Its Application in England*, University of California Press, 1959, pp. 46—47.

以追溯至《新约·宗徒大事录》中的术士西满,他企图向宗徒彼得购买恩赐圣神的权利,却被后者拒绝。[1] 中世纪世俗政权屡屡介入教会,国王和诸侯任命受过高等教育的神职人员为高级官员,世俗权力加速神职人员的腐化。买卖圣职的行为动摇教会的道德,情势每况愈下。以克吕尼的修士和格里高利七世为代表的改革派打击买卖圣职,但在整个中世纪,买卖圣职时有发生。

前文中,笔者已经提到了《格氏律》第2部分第1案例,这个案例的情节是某人通过支付金钱的方式,将自己的儿子送入了修院。后为了使孩子登上主教之位,此人又贿赂了总主教麾下的一员。在这一案例第1问下收录的一条教宗格里高利一世的手谕规定了:

> 将非法获得之物施予穷人不算是布施,因为以恶意获得此物的人,即使将其善意地施舍,也不会受益,反而受困。因此,将贿赂圣职人员的钱财用来建造修院、善堂或是其他建筑,当然毫无益处。为免我们以布施为幌子,罪恶地获得任何东西,圣经规定:"恶人的祭献,已是可憎;若怀恶而献,更将如何?"因为怀有恶意,无论献祭天主什么,都不会平复全能的天主的愤怒,只会激起他的怒气。经上这么写:"应以你的财物和一切初熟之物,去尊崇上主。"因此,怀有恶意的人,仿佛好意地奉献,无疑应了经文,因为他未有尊崇上主。撒罗满也说:"用穷人的财物来做祭品的人,就如在父亲前,杀害他儿子的人。"让我们想想父亲眼见儿子遭到杀害会是多么悲恸,因此我们很容易理解拿掠夺之物献给天主,祂会多么悲恸。因此要尤其回避布施表象之下所犯的买卖圣职的异端之罪。因为罪的缘故布施是一回事,而因为布施的缘故去犯罪则是另一

---

[1] 参见《新约·宗徒大事录》第8章第18—24节。

回事。①

格拉蒂安对此评注道：

> 　　按照教宗格里高利的意思，拿买卖圣职的钱进行建造并不带
> 来善工，将这钱施舍给穷人也不算布施，受伤的牧人无法通过要照
> 看的羊群获得治疗，朽木也不会结出果实。②

条顿人约翰在他的《〈格氏律〉标准注疏》中对这条教规有更进一步
的解释：

> 　　如果用买卖圣职的钱买了葡萄园，可以用孳息布施吗？不可
> 以。因为根据法律，这是用钱来计算的，而孳息取代了钱的位置。③

由此可见，不仅禁止将买卖圣职的钱财用以布施，甚至用买卖圣职
的钱财购买其他物品所产生的孳息，也在禁止之列。

（2）高利贷的利息

《圣经》中就已经对高利贷有过明令禁止。在古典教会法学家对高
利贷这一问题进行更为专业的学理分析之前，教会法对高利贷的界定
是比较模糊的。只要是在借贷关系中获利的行为，就构成高利贷。这

---

　　① C. 1,q. 1,c. 27.

　　② C. 1,q. 1,d. p. c. 28：secundum Gregorium nullum boni operis sequatur edificium,
nec est putanda elemosina,que ex precio symoniae erogatur pauperibus,uulnerato pastore me-
dicina non adhibetur curandis ouibus,de infecta radice fructus non producitur.

　　③ Johannes Teutonicus,Gl. Ord ad C. 1,q. 1,c. 27：Item quid si ex pecunia simoniaca
quis emit vineam；numquid de fructu faciet eleemosynam？ Non：quia eodem iure censetur cum
pecunia：cum fructus in locum pecuniae succedant.

种收取利息的行为不论其目的如何,亦不论其形式如何,金钱或其他财产皆可,低价收入高价抛出也被看作是放贷的行为。高利贷被教会视为一种罪,是贪婪的一种形式,等同于偷盗。中世纪诗人但丁在他的《神曲·地狱篇》中就这么描述放贷者的丑态:

> 我把目光投射到那些
>
> 受落下来的火雨烧身之苦的人们当中的一些人的脸上之后
>
> 我连一个都不认识他们,但是我看到
>
> 每个人脖子上都挂着
>
> 一个有某种颜色和图案的钱袋
>
> 他们的眼睛似乎都在饱看自己的钱袋①

《格氏律》第 2 部分第 14 案例便关注高利贷这一主题。这个案例设计了若干圣职人员将钱借贷给商人并通过收取利息获益的情节。格拉蒂安在这个案例下提出了六个问题,其中他在第五个问题中问道,是否可以用利息布施。②

格拉蒂安在该问题下插入了十几条教规,其中第一条是一句奥古斯丁《论上主圣言》(*De verbis Domini*)一书的节选:

> 不要企图拿高利贷所得用以布施。③

罗兰对这个问题的认识是,通过放高利贷所得的财物,对其占有是

---

① 〔意大利〕但丁:《神曲·地狱篇》,田德望译,人民文学出版社 2004 年版,第 107 页。

② C. 14,q. 5.

③ C. 14,q. 5,c. 1: Nolite uelle elemosinas facere de fenore et usuris.

不合法的。非法占有的财物按照法律不属于占有人,因此占有人也不能以物主的身份合法地分发这些财物。①

鲁费努斯则认为,虽然高利贷所得不能用以布施。但如果将该所得用以布施,所获的功德——灵魂的救赎——就会归功于被放贷的人。②

比西尼亚诺的西门认为,盗窃和抢劫的赃物等不义之财之所以不能用来布施,是因为物上的支配权(dominium)并未发生转移。③

(3)其他非法手段所得

除了买卖圣职与高利贷,《格氏律》中还有一些教规概括地规定了其他不得用以布施的不义之财。

如《格氏律》第 1 部分第 35 类别收录了一条 5 世纪《宗徒规章》(Canones Apostolorum)中的一条规定,禁止圣职人员赌博和酗酒,否则将要受到革职或绝罚的制裁。④ 条顿人约翰在《〈格氏律〉标准注疏》对这条教规的评注开篇写道:

> 圣职人员不该嬉戏,或者参与游戏……但输掉的赌资是否能够返还? 有些人说,不能,而要布施给穷人……在这两种情况下都会产生罪恶,但占有财产的状态要稍胜一筹……我更愿意相信赌资能够返还。⑤

约翰在这里的意思是,赌博和用赌资进行布施,都是邪恶的行为,

---

① Rolandus,Summa ad C. 14,q. 4,c. 1.

② Rufinus,Summa Decretorum ad C. 14,q. 5,d. a. c. 1.

③ Simon Bisinianensis,Summa in Decretum ad C. 1,q. 1,c. 27.

④ D. 35,c. 1.

⑤ Johannes Teutonicus,Gl. Ord. ad D. 35,c. 1: Clerici non debent ludere,vel ludis interesse…Sed numquid potest repeti id,quod in alea perditur? Dicunt quidam quod non,sed pauperibus est eroganda pecunia…cum enim turpitudo vertitur ex parte vtriusque,melior est conditio pssidentis…melius credo quod possit repeti.

但后者显然更为邪恶,与其如此,不如将赌资返还。

又如《格氏律》第 2 部分第 14 案例第 5 问下第 15 条教规,来自奥古斯丁致马其顿教会的书信:

> 违背他人意志得来的东西称不上好,那是用不义的手段夺来的。许多人不愿意付给医生酬金,也不愿意付给工人报酬,这些违背他人意志取得东西的人,用的是不义的方式……我们判定,那些违背人类社会的法律,用盗窃、抢劫、欺诈、剥削、侵略的方式夺取财物的人,把这些财物返还比起用来布施要更好。①

这条教规列举了通过盗窃、抢劫、欺诈、剥削、侵略几种非法手段,通过这样的手段所获得之物,被禁止用以布施贫民,其原因乃是违背了原物主的意思。

在前一章中已经提到,教会法学家承认贫穷的人可以拿取他人之物而不用担心被指控为窃贼,但教会法却不认可劫富济贫的行为。《格氏律》第 2 部分第 14 案例第 5 问第 3 条教规——来自奥古斯丁的一篇布道辞节选——就这么规定了:

> 曾有人这样想着,说道:"有许多腰缠万贯、贪婪、欲求不满的基督徒;我若夺去他们的所有并交给贫民,我没有犯罪。因为他们什么善事都未行,而我能得到赏报。"这种念头真是出自魔鬼的狡诈。因为如果他将夺来的布施,他是增加而非减轻了自己的罪。②

---

① C. 14, q. 5, c. 15.

② C. 14, q. 5, c. 3: Forte aliquis cogitat et dicit: Multi sunt Christiani diuites, auari, cupidi; non habeo peccatum, si illis abstulero, et pauperibus dedero. Unde enim illi nil boni agunt, mercedem habere potero. Sed huiusmodi cogitatio ei Diaboli calliditate suggeritur. Nam si totum tribuat quod abstulerit, potius peccatum addit quam minuat.

　　显然,这样的济贫之所以受到严厉的谴责,仍然是因为这种行为违背了布施物原物主的意思。图尔奈的斯蒂芬在针对《格氏律》第二部分第1案例第1问第27条教规——前述教宗格里高利一世的书信——的评注中,也断定出于违背了物主本人意思的缘故,盗窃所得不得用于贫民。不过他认为,妓女却可以将卖淫所得用于布施,因为该所得是经过了嫖客的同意。① 他的这一观点导致了13世纪教会法布施物品质规则的转变。

　　2.13世纪的转变

　　斯蒂芬的思想最终转化成为了13世纪教会法学家所普遍认可的一条规则——即使是布施非法获得的财物,只要施予者转化成为财物真正的所有人,且没有发生受害方要求返还的问题,这样的布施就是有效的。

　　如条顿人约翰在针对《格氏律》第2部分第1案例第1问第27条教规的评注中解释道:

　　　　这就是说,不义之财不能用来布施。这是真的,因为支配权没有发生转移。如果发生返还的问题,就遵照《格氏律》第14案例第5问概述中所说的。如果没有发生返还的问题,就可以妥善处分。因此,妓女可以布施。而劫匪不可以。②

　　又如,约翰在针对《格氏律》第1部分第90类别第2条教规③中的"压迫"一词的评注中还解释道:

　　① Stephanus Tornacensis,Summa ad C.1,q.1,c.27.
　　② Johannes Teutonicus,Gl. Ord. ad C.1,q.1,c.27.
　　③ 这条教规来自迦太基第四次宗教会议的决议:不得将仇恨自己弟兄者的献祭收入圣所或银库。同样,司铎们也应该拒绝压迫贫民者的赠予。

若有任一圣职人员强迫村夫,他本该收取 10 的,却收取了 12,根据法律不该拒绝他的赠予。因为在这种情况下,物的支配权发生了转移,可以用于布施。但是用抢的方式得来的却不可以……但如果改过者不愿意交付的话,就应该拒绝,或者说,不能将这献祭用于布施。①

此外,有关高利贷的问题,格拉蒂安在《格氏律》第 2 部分第 14 案例第 4 问下罗列了这样一条安布罗斯《论死亡的利益》(*Libro de bono mortis*)一书中的选段:

若有人收受高利贷,他就是犯了强盗的罪,他的生命不再。②

乌古乔对此解释,通过高利贷所获得的财物是属于别人的,因为其支配权未发生转移。③

而约翰针对乌古乔"高利贷所得财物的支配权未发生转移"的观点写道:

因此如果放贷者是强盗,那么支配权就没有发生转移,买卖圣职也是如此。然而,可以承认支配权确实转移到了他手里。④

---

① 　Johannes Teutonicus,Gl. Ord. ad D. 90,c. 2.

② 　C. 14,q. 4,c. 10:Si quis usuram accipit,rapinam facit,uita non uiuit.

③ 　Huguccio,Summa Decretorum ad C. 14,q. 4,c. 11,quoted from Odd Langholm,The legacy of Scholasticism in Economic Though:Antecedents of Choice and Power,Cambridge University Press,1998,p. 70.

④ 　Johannes Teutonicus,Gl. Ord. ad C. 14,q. 4,c. 10:Si ergo usurarius est raptor,ergo in eum non transfertur dominium,sicut nec in simoniacum;potest tamen concedi quod transfertur dominium in eum.

在针对《格氏律》第 2 部分第 14 案例第 5 问第 1 条教规的评注中，约翰更加清晰地阐述了他的观点：

> 人们一般说，不能将不义之财用于布施，包括卖淫所得、高利贷所得、赌博所得、优伶演出所得、买卖圣职所得。因为《圣经》上写道："应以你公义的财物去尊崇上主你的天主。"……《申命纪》中说："你不可接受卖淫的酬金。"……因为不义之财为我们没有好处……其他人说，如果不义之财的支配权没有发生转变，或者支配权发生了转变，但发生了返还的问题，就不能拿来用于布施……但如果没有发生返还的问题，并且支配权也发生了转移，就可以妥善用于布施，譬如妓女卖淫所得不会发生返还的问题……妓女可以用该所得进行布施。优伶所得是如此，出于职务的缘故所夺来的也是如此……有人说司铎不能接受卖淫的酬金，这可以表述为，司铎不能接受妓女的献仪，但用以布施还是可以的。而这就是理由，因为出于羞耻的缘故应果断拒绝……但如果是通过暴力夺来的东西，并非出于职务的缘故，如抢劫和盗窃，就不能用于布施。然而有人说，如果把盗窃物卖掉，所得的价款就能用来布施，因为价款不是偷盗来的……对此我不相信。①

帕尔玛的伯尔纳德继承了这一理念，并作了更进一步的阐释，将范围扩大到了交付什一税的问题上。他在其《〈格里高利九世手谕集〉标准注疏》中，针对第 3 卷第 30 题第 23 条教规的评注中写道：

> 有些人说，非法获得之物不能用来布施或者交付什一税。如

---

① Johannes Teutonicus, Gl. Ord. ad C. 14, q. 5, c. 1.

妓女、赌徒、买卖圣职者、优伶都不能用其所得布施或交付什一税。
还有些人说——我更相信这种观点——非法获得之物可以用来布
施或者交付什一税，只要没有发生返还的问题，并且物的支配权发
生了转移。如妓女、优伶、买卖圣职者以及以不义之财生活的
人……能够交付什一税和布施，因为在这些情况下，支配权发生了
转移，也无人索要返还。①

　　古老的教会权威禁止妓女、优伶、买卖圣职者等群体将他们的所得
用以布施，乃是因为罪恶的缘故。但教会法学家们发现，这样的限制显
然既不实用，也无益于公益。于是，他们就开创了这样一个转变，改变
了布施物品质的障碍，原先考察布施物的品质是以罪恶为标准，现在已
经转变为了考察布施物之上的所有权是否发生了转移，以及是否有与
此相关的返还问题发生。通过他们创设的原则，原先在禁止之列的所
得，如今都可以有效地用于布施了。

　　这项原则又进一步导致了更多的教会法学家对布施物的品质进行
了更为繁杂的区分。贝西奥的圭多用伦理神学的方法来分析这一问
题。他首先将布施物分为合法获得与非法获得两类，然后对非法获得
的一类进一步进行区分。非法获得之物属于某位物主或是无主物。为
了解释无主的非法物，他举了主教狩猎的例子。他所获得的猎物被视
为非法，这是因为根据教会法，主教狩猎的行为是被严格禁止的。主教
可以将这类物布施。如果布施物是非法从物主处取得的，那么既有可
能违背了物主的意思（在这种情况下的布施是无效的），也有可能是在
物主不知情的情况下作出的（在这种情况下布施仍然无效），还有可能
是物主通过某项交易交付。在最后一种情况下，圭多再进一步地分

---

①　Bernardus Parmensis, Gl. Ord. ad X. 3.30.23.

了类。在这种交易中,可能涉事的交付人有道德上的瑕疵,也可能是接收人存在道德上的瑕疵,还可能两者都存在瑕疵。圭多举例高利贷者、索取不合理的巨额费用的律师、向病人夸大病情以骗财的医生和腐败的行政官员。这些人都无法从布施的行为中获得灵魂上的益处。① 通过教会法学家这样的分类与再分类,有关布施物品质的规则变得愈发繁复。

(二)施予者的行为

教会法学家还认为施予者的行为也关系着布施的有效与否,他们非常明确地将施予者的行为分为两类。第一类是为进入修院生活而弃绝一切世俗财产。教会法学家认为,这种一次性的抛弃财产是适宜的,他让施予者抛去了世俗的牵绊。但如果仅仅是为了履行爱自己邻人的诫命时——这是第二类行为——教会法学家提醒他们应该慎重对待,每一次布施一部分,这样就能使更多的人得到帮助。

鲁费努斯在针对《格氏律》的评注中写道:

> 要慎重对待。这样不会让所有的财产一次性全部付出,除非某人愿意抛弃一切尘世牵绊,即事奉天主。②

条顿人约翰也认为,施予者不应一次将全部财产全部布施,每次小量布施,这样更多的人就能得到帮助。基于同样的理由,布施给贫民的

---

① See Brian Tierney, *Medieval Poor Law: A Sketch of Canonical Theory and Its Application in England*, University of California Press, 1959, pp. 50—51.

② Rufinus, Summa Decretorum ad D. 86, d. a. c. 6: In ipsa autem liberalitate discretio est adhibenda rerum et personarum. Rerum: ut non omnia simul effundat, nisi cum vult se exuere ab omni cura et Deo nudus servire.

食物应当简单朴素，不能奢侈。①

一位 12 世纪 70 年代法兰西的佚名格氏律学者在他的《"皇帝陛下的"概述》(Summa Imperatorie maiestati)中认为，布施贫民时应该考虑布施物是否贵重，而布施食物时也要考虑食物的规格，拿奢侈的物品或山珍海味施舍贫民无异于犯罪。②

塞古西奥的亨利一针见血地指出，最大程度上的慷慨是一种高尚的德行，但一个人倾家荡产且不分青红皂白地布施，这样的行为算不上高尚，这人只是个愚蠢的败家子。③

（三）施予者的意向

一项有效的布施，还需要具备施予者意向这一要素。事实上，这种心理要素是复杂的。首先，施予者必须洁净自己的内心。《格氏律》中引用了一段奥古斯丁的话，解释了施予人应该具备何种意向：

布施的人应该先从他自己开始，先向自己布施。④

条顿人约翰对这段话的解读是，施予人应该先洁净自己的内心，因为爱不义的人憎恨自己的灵魂。向自己布施意味着远离邪恶。沉溺于邪恶中的人，是无法通过布施取悦天主的，也不能以为通过频繁布施，

① Johannes Teutonicus,Gl. Ord. ad C. 12,q. 1,c. 7.

② Summa Imperatorie maiestati ad D. 42,quoted from Brian Tierney,The Decretists and the "Deserving Poor",*Comparative Studies in Society and History*,Vol. 1,No. 4,1959,pp. 366.

③ Hostiensis,Commentaria ad X. 3. 24. 1,fol. 69,quoted from Brian Tierney,*Medieval Poor Law：A Sketch of Canonical Theory and Its Application in England*,University of California Press,1959,p. 52.

④ De. Poen. D. 3,c. 19：Qui uult ordinate dare elemosinam,a se ipso debet incipere,et eam sibi primum dare.

就可以继续犯罪。①

除此之外,施予者的内心必须保持仁爱。格拉蒂安在《格氏律》第1部分第 45 类别下引用的教父奥古斯丁的一篇布道辞选段文说明了这一问题:

> 布施有两种,心灵的布施和金钱的布施……心灵的布施要比物质的布施好得多。即使缺少世俗物质,仁爱的布施也已足够。而物质的布施,如果缺少心中的良善,是全然不够的。②

条顿人约翰对此解释说,心中没有仁爱的布施,纯粹是为了摆脱纠缠不休的乞讨者,不仅毫无善工可言,甚至是一项罪。③ 贝西奥的圭多也总结说,施予者正确的意向是指人应该以真实的仁爱为动机布施,不仅仅是为了躲避尴尬或者赢得他人的赞誉以满足虚荣心。④

三、慈善中的受施者

在慈善的关系中,与施予者相对的一方是受施者。中世纪的古典教会法学家对于受施者一方,主要是关注对其进行布施时所要遵循的顺序问题。他们的注疏工作针对《格氏律》中收入的几篇教父著作选段

---

① Johannes Teutonicus, Gl. Ord. ad de Poen. D. 3, c. 19.

② D. 45, c. 13: Duae sunt elemosinae, una cordis, alia pecuniae… Elemosina cordis multo maior est quam elemosina corporis. §. 2. Caritatis elemosina sine terrena substantia sufficit: illa uero, que corporaliter datur, si sine benigno corde tribuitur, omnino non sufficit.

③ Johannes Teutonicus, Gl. Ord. ad D. 45, c. 13.

④ Guido de Baysio, Rosarium ad D. 45, c. 13, quoted from Brian Tierney, *Medieval Poor Law: A Sketch of Canonical Theory and Its Application in England*, University of California Press, 1959, p. 53.

进行调和。

就受施者的顺位问题,格拉蒂安的《格氏律》给中世纪的教会法学
家留下了一个难题,因为这几篇教父著作选段明显表达了两种不同的
观点,而格拉蒂安本人自己则在两种观点之间犹豫,没有达成明确的结
论。① 这几篇选段来自古代晚期的教父金口约翰、安布罗斯、奥古斯
丁,其对立的焦点在于,是否要对所有受施者展示一视同仁的慷慨,还
是要对他们的不同需求进行审慎的分辨。金口若望代表了前一种观
点,而安布罗斯和奥古斯丁则代表了后一种观点。

(一) 金口约翰的观点——无差别救济原则

金口约翰的观点见于《格氏律》第 1 部分第 42 类别中。格拉蒂安
在第 42 类别的开篇写道:

> 司铎应该展现好客,以免他在审判时列入那些被指控"我做
> 客,你们不收留我"的人中。②

接着他援引了一条昌克勒会议的决议,这条决议规定向贫民提供
宴席的人绝不应受到蔑视,若有人轻视这些好客者,当受绝罚。③ 格拉
蒂安在这条教规后插入自己的评注:

---

① 一种观点见于 D. 42, c. 2；D. 86, c. 21；C. 1, q. 2, c. 2；C. 11, q. 3, c. 103；C. 16, q. 1,
c. 5；C. 23, q. 4, c. 35；另一种观点见于 D. 86, c. 14；C. 5, q. 5, c. 2；C. 16, q. 1, c. 68；C. 23,
q. 4, c. 37.

② D. 42, d. a. c. 1：Hospitalem uero sacerdotem esse oportet, ne sit in numero eorum,
quibus in iudicio dicetur："Hospes eram non suscepistis me."

③ D. 42, c. 1：Si quis despicit eos, qui fideliter agapas, id est conuiuia, pauperum exhi-
bent et propter honorem Domini conuocant fratres, et noluerit communicare huiuscemodi uo-
cationibus, paruipendens quod geritur, anathema sit.

　　圣史若望在他的书信中绝罚了狄约勒斐也就是这个意思，因为他不愿接纳穷人，还将接纳穷人者逐出教会。我们在好客时绝不能出现因人而异的情况，而应该不加区别地将我们充足的物力用以款待。①

　　在评注之后，格拉蒂安援引了一段最重要的文字，来自金口约翰的一封致希伯来人教会的书信。信中写道：

　　让我们停止这种荒唐、万恶、蛮横的窥探吧。若有人自称被选为圣职人员，有人自称是司铎，那就审查他。因为在这种未经探讨的情况下，未经审断无法举行共融的圣事。审断应在大部分人在场的情况下进行。因为你不举行圣事，而是领受圣事。但如果他是来寻求食物，就不要对他进行审查。在所有人面前向他展示亚巴郎那般的好客。如果审查者对逃难者也要进行审查的话，那么他就决不会款待天主的使者们。也许他认为他们不是天使，所以就用残羹剩饭打发他们。但如果他接纳所有人，他也就收留了天使。因为天主不会根据你所接纳者的生活而赏报你，而是根据你的意志、荣誉、仁慈和良善赏报你。②

　　显然，这段文字的后半段才是主题。条顿人约翰在他的《〈格氏律〉标准注疏》在针对金口约翰的这段话的评注中，认为这段话的含义是指

————————————

① D. 42，d. p. c. 1：Hinc etiam Iohannes Euangelista in epistola sua quendam Diotrepem excommunicat，qui nec paupers recipiebat，et recipientes de ecclesia eiciebat. In hospitalitate autem non est habendas delectus personarum，sed indifferenter quibuscumque sufficimus hospitales nos exhibere debemus.

② D. 42，c. 2.

当有人前来乞求食物时，不应该有差别地给予布施。这也就诞生出教会法慈善的一条原则——无差别的救济。[1]

（二）奥古斯丁的观点——差别救济原则

与金口约翰观点相左的，是奥古斯丁的观点，见于《格氏律》第 1 部分第 86 类别。这个类别后来引出了"值得帮助的贫民"与"不值得帮助的贫民"的分类。格拉蒂安在这个类别中探讨了主教的各种品质。他援引了一条教宗格里高利一世的书信选段，表明慷慨为主教来说是必备的品质，如果缺少这一品质，主教的头衔就会落空。[2] 接着他插入自己的评注：

> 这种慷慨应该遵循物的考量和人的考量。物的考量是指不应将一切物力布施于唯一一人，而应布施于多个人，如此我们便能帮助许多人，正如先知所说："他散财而周济贫苦的人。"人的考量是指先布施义人，再布施罪人。但我们被禁止把他们当成罪人而不是当成人来进行布施。[3]

对于最后一句话，他继而援引了奥古斯丁对《新约·若望福音》和《旧约·圣咏》的评注进行解释：

> 将财物捐助邪恶的优伶是滔天大罪的，而非美德。但你们清楚这些行为常常会获得赞誉，因为"恶人因随心所欲而自庆，匪徒

---

[1]　Johannes Teutonicus, Gl. Ord. ad D. 42, c. 2.

[2]　D. 86, c. 6.

[3]　D. 86, d. p. c. 6.

因轻慢上主而自幸"。①

　　那些捐助角斗士的人,为何要捐助? 告诉我,他们为何要捐助角斗士? 因为他们爱那在他内的滔天罪恶。他们喂养这罪,为这罪披上衣衫,使这公开的不义为所有人得见。那些捐助优伶、妓女的人,为何要捐助? 难道他们不捐助人类吗? 他们不向往天主事工的天理,却向往人类活计的不义。②

　　那些捐助角斗士的人,不是捐助那个人,而是捐助那滔天恶行。因为如果他们只是个人,而不是角斗士,你就不会捐助他了。你犒赏的是他们内的恶而非本性。③

　　奥古斯丁猛烈抨击那些将物力浪费在优伶、妓女、角斗士身上的行为,他认为人们捐助这些人,是因为享受这些邪恶职业所带来的恶趣味,而并非出于人道的缘由。这就是格拉蒂安所说的"把他们当成罪人而非当成人进行布施"的意思。奥古斯丁的鄙夷是有其在历史上的背景的。中世纪早期曾经禁止和鄙视过许多职业。起先禁止神职人员从事这些职业,后来进而扩展到俗人,因为这些职业易于引起罪。最经常出现的职业有:角斗士、优伶、妓女、屠夫、术士、刽子手、税吏、商人,等等。这种排斥的动机是隐约可见的。旧有的禁忌组成了一个坚实的基础。对于血的禁忌,造就了对屠夫、刽子手的排斥;对金钱的禁忌,将角斗士、妓女、税吏、商人排除在外。条顿人约翰认为,因为空虚的荣耀的缘故,捐助这些人供他们修炼邪恶的技艺是滔天的罪行。不过,他同样

---

　　① D. 86,c. 7: Donare res suas istrionibus uitium est inmane,non uirtus. Et scitis de talibus,quam sit frequens fama cum laude,quia,"laudatur peccator in desideriis animae suae,et qui iniqua gerit benedicitur".

　　② D. 86,c. 8.

　　③ D. 86,c. 9: Qui uenatori,donat,non homini donat,sed arti nequissimae. Nam si homo tantum esset,et uenator non esset,non ei donares: honoras in eo uitium,non naturam.

认为,当这些人真的处于贫穷时则另当别论,因为"这些角斗士、妓女得到滋养的不是他们的邪恶,而是他们的本性。"①于是这就产生了另一条教会法慈善的原则——有差别的救济,即按照对受施者的身份进行甄别,来实施济贫。这种身份甄别往往是以职业为标准作出。

(三) 安布罗斯的观点——差别救济原则的发展

既然要根据受施者的不同身份来实施救济,那么这种甄别应该遵循何种原则呢? 在引用了奥古斯丁的这些言论后,格拉蒂安又引用了安布罗斯的一些选段,主要来自他的《论职责》:

> 祝愿得好是不够的,还要做得好。做得好也是不够的,除非我们的行动源于良善的源泉,换句话说,就是良善的意志。完美的慷慨通过信仰、事例、地点、时间来命令,首要的任务在于信众的家庭。若你知道信众有急需,如果你知道那人丧失了谋生手段,面临饥饿,艰难挣扎,尤其是以此为羞的人,如果有人深陷诉讼面临财产被没收或诬告,而你未能帮助他,如果有人因债身陷囹圄,遭受惩罚或折磨(每个人都值得怜悯,尤其是义人),在他受难之时,你袖手旁观。如果有人被引入亡途,在他危难之时,你的金钱比那将死之人更重要,这就是大罪,而绝非轻罪了。②

根据安布罗斯,应该首先救济忠信的基督徒。这就是设立了一个原则——基督徒优先原则。

此外,《格氏律》中收入的安布罗斯的著作选段还有:

①　Johannes Teutonicus,Gl. Ord. ad D. 86,c. 7.

②　D. 86,c. 14.

　　布施时还要考虑年老者与羸弱者,有时还有那些出生高贵但
羞于启齿的人。你们应该更多地布施那些无法通过劳作自给自足
的老人。同样,身体羸弱者也应该得到更加及时的救助。此外,如
果有人由富裕陷入贫穷,尤其不是因为自己的过错造成的人,而是
因为遭到抢劫、放逐或是诬告,这样的人应该得到救济。①

　　在忠信的基督徒得到救助后,要关心那些老人、身体羸弱者,以及
出身高贵却羞于启齿者。此外,还有非基于自己的过错而由富入贫者。
除以上对象外,安布罗斯认为,人们还有赡养自己双亲的义务:

　　　好客也应该用这种方式证明,即你若知道你的最亲近的亲人
　　有急需,而你不轻视他们。帮助你那羞于向他人开口求助或乞求
　　救济的亲戚更好。②

　　条顿人约翰在《〈格氏律〉标准注疏》中还引用了安布罗斯另一段言
论,这段言论要求人们首先爱天主,其次是父母、子女,然后是家族中的
其他成员。③ 这种仁爱从家庭中开始的理念实际上设立了另一个原则,
即家庭责任优先。约翰和帕尔玛的伯尔纳德在他们的标准注疏中都认
为,如果司铎的父母陷入贫穷,也可以使用教会的财产救济双亲。④
　　教会法学家甚至还在安布罗斯有关于这点的文本上创设出一些法

---

　　① 　D. 86,c. 17.

　　② 　D. 86,c. 16: Est etiam illa probanda liberalitas,ut proximos seminis tui ne despicias,
si egere cognoscas. Melius enim est,ut ipse subuenias tuis,quibus pudor est ab aliis sumptum
deposcere,aut alicui postulare subsidium necessitatis.

　　③ 　Johannes Teutonicus,Gl. Ord. ad D. 42,c. 2.

　　④ 　Johannes Teutonicus, Gl. Ord. ad D. 86, c. 16; Bernardus Parmensis, Gl. Ord. ad
X. 3. 2. 1.

律难题。人们被要求帮助忠信的教友,也有赡养自己双亲的义务。但如果他的父亲是个异教徒,又该怎么办? 他应该先救济自己的父亲还是更加忠信的基督徒,即使他是个外人? 中世纪法学家的解答是,当两人身处同样的贫穷之中时,应该先救济父亲,也就是指适用家庭责任优先原则。然而,当他们两个人当中有一人更加急需时,就应该先救济他——差别救济原则的破例。① 虽然教会法学家在探讨布施时要考虑的不同因素,但是受施者个人的需求程度才是最终的决定因素。这实际上是后来上述诸种原则调和的雏形。②

(四) 值得救济的贫民和不值得救济的贫民

格拉蒂安本人并没有想过有关贫民值得救济与否的问题。最先触及该主题的教会法学家是鲁费努斯。他在自己的《概述》中针对格拉蒂安在《格氏律》第一部分第 42 类别中的"我们在好客时绝不能出现因人而异的情况"的观点,指出了许多反证。首先他列举了一条中世纪的谚语:"紧握你手中的布施,直至你找到要给予的义人。"(Desudet elemosina in manu tua, donec invenies iustum cui des.)其次,他引用了《旧约·雅歌》中的第 2 章第 4 节:"他插在我身上的旗帜是爱情。"(Ordinavit in me caritatem.)他继而援引安布罗斯对这段经文的解释,将爱

---

① 12 世纪英格兰的某位佚名格氏律学者在他《〈一切义人〉概述》(Summa Omnis qui iuste)中甚至提出了一个非常尖锐的问题:"当一位极公义的人和一位极不公义的人同时面临死亡,而只有一人能够得救,应该先救济谁呢?"根据安布罗斯的规则,应该首先救济义人,但是在这种情形下,不义之徒如果丧亡,必然会下降地狱,而如果他得到了救济,就会有悔改的可能。而对于那位义人来说,如果他死了,就会立即获享天国的荣耀。作者以不自信的口吻推断出,这样看来应该先救济不义之徒(Unde non videtur quod ita necessarium sit eum redimere sicut et alium)。但随后又写道:"这是不正确的。"(Hoc autem non est precise verum.)但他未能就这一两难问题给出解答。See Brian Tierney, The Decretists and the "Deserving Poor", *Comparative Studies in Society and History*, Vol. 1, No. 4, 1959, p. 368.

② Johannes Teutonicus, Gl. Ord. ad D. 86, c. 14 and D. 30, c. 1.

情插在身上,意味着要求人首先爱天主,其次爱他的父母,再次爱他的孩子,复次爱他家族中的人,最后爱外人,这就是上文中提到的家庭责任优先原则。最后,鲁费努斯引用了《新约·玛窦福音》第 5 章第 42 节的标准注疏:"用这种方式施舍他,这样既不会伤及你,也不会伤及他;公义是必须考虑的。"(Da ei,ita scilicet,ut nec tibi nec alii noceat; pensanda enim est iustitia.)在引述完了三条反例后,鲁费努斯开始调和格拉蒂安的评注和这些反例的矛盾。他列举了在布施中所要考虑的四种要素,其中包括寻求救济者的个人品质。鲁费努斯将个人品质分为正直(honestus)与不正直(inhonestus)两种。对于不正直的人,而且尤其是具有劳动能力却宁愿选择乞讨或偷盗的人,当然不该救济他,反而要纠正他。[1] 鲁费努斯的论述可以理解为,不正直的人是不值得救济的。[2]

12 世纪 70 年代博洛尼亚学派的某位佚名格氏律学者,在他的《"要询问的教师"概述》(Summa Tractaturus Magister)中,针对同一条评注,在引用了相类似的论据后,给出了如下解释:

> 对于乞讨的人,必须审度,除非他是正直的人,或者是更好的人,能够按照福音书中的话来行崇高的事。[3]

此外,12 世纪 80 年代盎格鲁-诺尔曼学派(Anglo-Norman

---

　　[1]　Rufinus,Summa Decretorum ad D. 42,d. a. c. 2.

　　[2]　鲁费努斯在他的评注中所阐述的内容绝非仅仅止步于此,他的努力最后达成了各种原则的调和,这将在下文详述。

　　[3]　Summa Tractaturus Magister ad D. 42,d. a. c. 2: Consideranda est persona petentis ut non detur nisi honestis et illis potius qui ministrant spiritualia secundum verbum evangelii, quoted from Brian Tierney, The Decretists and the "Deserving Poor", *Comparative Studies in Society and History*, Vol. 1, No. 4, 1959, p. 366.

School）的某位佚名格氏律学者，在他的《“一切义人”概述》（Summa Omnis qui iuste）中，也针对同一条评注，给出了如下看法：

> 任何寻求食物的人都不该受到拒绝，除非这人能够自力更生，对于这人，你应当纠正他，并对他说：“去用你的双手寻找生计。”……如果是熟知的不正直的人，根据福音书所说：“当你纠正那不当乞讨的人，你会明白你已妥善地施予了”，不能施舍他。①

后两位教会法学家的观点和鲁费努斯一致，如果是不正直的人，就应拒绝向他布施。他们还援引《格氏律》第 2 部分第 24 案例第 4 问下的一条奥古斯丁的著作选段加以证明。选段文字如下：

> 放任者并不总是朋友，抨击者也并不总是敌人。友人的抨击是忠诚，仇人的拥吻是欺骗。公开的责斥，胜于暗中的溺爱。严厉的爱胜于温和的欺骗。如果饥饿的人因为食物而无视正义，比起给他面包让他为不义所迷惑，从他手里夺去面包对他更加有益。②

不正直作为道德上的缺陷，毕竟是一个弹性相当大的范畴，这个词

---

① Summa Omnis qui iuste ad D. 42, c. 2: Si pro nutrimento nulli est denegandum nisi talis sit qui possit querere victum ex labore, cui dabis correptionem dicens ei quod querat sibi victim manibus suis… Si nota et inhonesta dandum non est iuxta illud evangelicum, "Tunc bene tribuere intelligeris cum inportune petentem corripis", quoted from Brian Tierney, The Decretists and the "Deserving Poor", *Comparative Studies in Society and History*, Vol. 1, No. 4, 1959, p. 373.

② C. 24, q. 4, c. 37. 奥古斯丁的原文其实是在与多纳图派教徒斗争的背景下写作的，是为了帝国政府对该派采取的高压政策的辩护。他的真实意图是镇压异端，而非救济，却被后来的教会法学家援引阐发济贫的思想。

可以包含各种程度不同的情况。将字面意义上的正直与否作为贫民是否值得救济的标准,显然在实践中不具备可操作性。一些鲁费努斯观点的追随者企图明确"不正直的人"的范畴。他们从鲁费努斯评注中"尤其是如果他能够依靠自己的劳动取得食物,但懒惰怠慢,宁愿选择乞讨或偷窃"这句话上下功夫,认为鲁费努斯在这里只是列举了某一特殊情况,意味着还有许多其他的情况。他们借用前述《格氏律》中所援引的奥古斯丁对《新约·若望福音》和《旧约·圣咏》的评注选段,认为奥古斯丁所猛烈抨击的妓女、优伶、角斗士等从业者,也属于不正直的人,是不值得救济的。[①]

但另一些教会法学家则持不同的观点。在对于能够自力更生却接受救济的懒汉,这些教会法学家和鲁费努斯之流的看法一致,即这些人属于不值得救济的范畴。但是对于从事伤风败俗的职业的人,他们的看法则产生了分歧。

12世纪60年代,法兰西的某位佚名格氏律学者,在他的《巴黎概述》中,就《格氏律》第1部分第86类别所作的评注中写道:

> 在救济方式的方面,就那些所说的人如男女优伶,我们被禁止把他们当成优伶进行施舍,但在其他时候,我们不被禁止。[②]

另一位同时期的法兰西佚名格氏律学者,在他的评注《"在天主的律法中更加精进"概述》(Summa Elegantius in iure divino)中写道:

---

① See Brian Tierney, The Decretists and the "Deserving Poor", *Comparative Studies in Society and History*, Vol. 1, No. 4, 1959, p. 369.

② Summa Parisiensis ad D. 86, d. a. c. 6: Sed in modo subveniendi, quod hic dicit quibusdam sicut mimis et joculatoribus, prohibemur dare eo respect quia sunt joculatores, cum alias non essemus datauri.

　　因为优伶通过变换自己的肢体和面容来表现闹剧,他们被禁
止给予施舍,但如果他们仅仅出于生活所迫的缘故而从事该项职
业,就有职责救济他以及猎人。因此针对禁止向这类人施舍的规
定,必须理解成是由于他们的职业之故。①

　　这两位格氏律学者的解释是,可以对从事伤风败俗职业的贫民进
行救济,但如果捐助他们的目的是为了供他们练习职业技术,那就属于
禁止之列。
　　对于这两种分歧的观点,乌古乔的注疏起到了决定性的作用。他
为不值得救济的贫民下了以下定义:

　　在这种情况下,这种人应该被理解成是能够劳动却不愿意自
力更生,而是整日沉溺于游戏或赌博之中的人。②

　　乌古乔的观点进而被条顿人约翰所吸收。约翰援引前述《格氏律》
第2部分第24案例第4问下奥古斯丁的话,证明不应该救济那些四肢
健全但生性懒惰的乞讨者。他写道:“教会不该为那些有能力工作的人
提供救济……因为有能力却不工作的人会为了食物常常无视正义。”他
还引用了优士丁尼《法典》第11卷第25题“论强壮的乞讨者”中的条
文。该条文规定公开乞讨者应接受审查,确定身体健康状况与年龄,如
果发现他们是出于懒惰闲散而行乞,将会被视为犯罪,罚做奴隶。如前

---

①　Summa Elegantius in iure divino ad D. 86.

②　Huguccio, Summa Decretorum ad C. 5, q. 5, c. 2: Sed hic intelligitur in eo casu cum
quis potest laborare et suo labore sibi victum querere et non vult, sed tota die ludit in alea vel
taxillis, quoted from Brian Tierney, The Decretists and the "Deserving Poor", *Comparative
Studies in Society and History*, Vol. 1, No. 4, 1959, p. 370.

所述,教会法学家不把贫穷视作是罪,但懒惰闲散却是。约翰坚持主张,只该给那些真正贫穷的人布施,给其他人,则是一种浪费。①

因此,通过近半个世纪的时间的探讨,教会法学家们终于对谁才是不值得救济的贫民有了一个较为明确的认识。四肢健全却因为懒惰闲散而行乞的人被视为不值得救济的贫民,救济对于这些人来说是一种浪费,只会培养其惰性,成为浪费公共资源的蠹虫。有关于此,我们必须清楚这样的背景,即在中世纪盛期,还未出现大规模的失业情况。尽管一定会有那些丧失土地无法劳动的个例,但一个四肢健全的人,如果愿意选择劳作,就一定能够自力更生。

(五) 各类原则的调和

前述已经列举了多种从早期教父的权威选段中所衍生出的对待受施者的原则。于是产生了这么一个问题——实践中遇到具体的问题,应该遵循何种原则进行救济? 教会法学家对此有不同的解释,但对解决这个问题的大致思路是相似的。他们的努力使得最终构建出一种调和的原则。鲁费努斯的评注在促成各项原则走向统一的过程中起到了极重要的作用。鲁费努斯这么写道:

> 这一切表明,我们不应该对所有来求助的人表现出一视同仁的慷慨。而应该知道,在好客款待时,有四件事应该考虑:寻求救济者的品质、施予者的物力,请求的事由,请求的数量。寻求救济者的品质要求辨别此人是否诚实;施予者的物力要求辨别他们是

---

① Johannes Teutonicus, Gl. Ord. ad D. 82, d. p. c. 1: "Ei qui potest laborare, non debet ecclesia providere. Integritas enim et robur membrorum in conferenda eleemosyna est attendenda…quia robusti de cibo securi sine labore frequenter iustitiam negligent."

否能救济所有人,还是仅仅一部分人;请求的事由要求辨明寻求救济者是出于爱天主的动机来寻求食物,还是说他被派遣传道,因此从你处要求一份合理的俸禄;请求的数量要求辨别是过量还是合理的。如果寻求救济者是不正直的人,尤其是如果他能够依靠自己的劳动取得食物,但懒惰怠慢,宁愿选择乞讨或偷窃,毫无疑问什么也不该施予他,反而要纠正他……除非碰巧他因为贫穷死亡,那么如果我们有能力,就该无差别地救济他……但如果寻求救济者是诚实的,如果你们可供使用的物力充足,就该救济他们所有人……但如果你们无法满足所有人的要求,就应该首选救济邻人,在这种情形下,就要遵循那些有差别救济的权威。①

鲁费努斯同意金口约翰的主张,自称司铎的外方人应该被详细盘查,同时他也认为,过量索取的人应该被拒绝。其观点的基本核心是对那些极度贫穷者的特殊救济,以及在物力充足或者有限的情况下,所要采取的不同措施。

就在鲁费努斯的《概述》完成后不久,三位法兰西的格氏律学者也针对这一问题作了探讨,并给出了不同的解答。

《巴黎概述》的作者认为,用以支持无差别救济原则的论据,意指应该救济所有人,而用以支持差别救济原则的论据,则意味着在救济所有人的情况下,可以根据受施者的个人状况做出一些差别对待。因此他主张,应该实行无差别的救济,但可以根据各人不同状况做出调整。②

图尔奈的斯蒂芬对这个问题给予了不同的解释。他从术语的含义着手分析,强调好客(hospitalitas)和布施在含义上的差别。他写道:

---

① Rufinus,Summa Decretorum ad D. 42,d. a. c. 2.
② Summa Parisiensis ad D. 42,c. 2.

　　注意,对有些人要给予施舍,对有些人要好客款待。在给予施舍时,必须要因人而异,即如果同时遇见了公义的穷人和不义的穷人,应该先布施义人,根据爱德的要求,应布施有需要的人先于其他人,布施羸弱者先于健康者,布施年老者先于年青者,布施羞于乞讨者先于对此毫不为耻者。好客则不应因人而异,而是当我们被请求款待时,我们要接待所有我们能够接待的人,我们不该说:如果你是位圣职人员,或是其他什么身份,我才接待你。①

　　斯蒂芬的意思是,不分差别地实行救济,是好客款待的目的,而非布施。在布施的情形下,应当遵循差别救济的原则。实际上,他并未很好地解答这个难题,他仅仅将差别救济的原则与布施相联系,而搁置了无差别救济原则,这种追求文字上细微差异的努力是徒劳的,因为教会法学家中主流的观点认为,"好客"一词包含了各种形式的救济,布施自然也在其中。

　　《"在天主的律法中更加精进"概述》的佚名作者则给出了另一种解答。作者指出,安布罗斯要求帮助自己人先于外方人,病人先于身体健康者,义人先于不义之徒,根据奥古斯丁的意思,布施给从事伤风败俗的职业的人是种罪恶,而金口约翰则要求不分差别地实行救济。但是他推翻了上述原则所要遵循的依据,并建立起以施予者对受施者了解程度为基础的新规则。他认为施予者应该以对受施者的了解为基础,如果他不了解每一位受施者的生活情况,他就应该毫无差别地用他的物资救济所有人,而如果他确实了解每一个人的生活情况,在物资不够的情况下,则应该实行有差别的救济。②

---

① Stephanus Tornacensis, Summa ad D. 42, c. 2.

② Summa Elegantius in iure divino ad D. 42, d. a. c. 2, quoted from Brian Tierney, The Decretists and the "Deserving Poor", Comparative Studies in Society and History, Vol. 1, No. 4, 1959, p. 365.

12 世纪 70 年代后,鲁费努斯的观点开始逐步获得其他同行的认同。① 博洛尼亚的格氏律学者法恩扎的约翰(Johannes Faventinus)在他的《概述》中,就引用了鲁费努斯的话,对 60 年代法兰西格氏律学者《概述》中的观点却无一采纳。而这一时期在法兰西出现的其他《格氏律》概述,也采纳了鲁费努斯的观点。《〈皇帝陛下的〉概述》的佚名作者认为,"好客"一词包含了接待客人与分发布施两种含义,继而他仿照鲁费努斯,从寻求救济者的品质(qualitas petentis)、布施者的能力(facultas tribuentis)、请求的物(res petita)、请求的方式(modus petitionis)四个角度讨论了第二种含义下的"好客"。②

最终,条顿人约翰在他的《〈格氏律〉标准注疏》中作了相似的解释:

> 若有人乞讨食物,就毫无差别地给他……除非有人为了食物而可能无视正义,在那样的情况下应该夺去食物,除非他快濒临死亡……但如果我们没有足够的物资,就应该优先布施给好人,然后才是恶人;优先布施给亲属,然后才是外人。③

----

① 12 世纪盎格鲁-诺尔曼学派的格氏律学者对此也有一些论述。《〈一切义人〉概述》(Summa Omnis qui iuste)的作者将受施者分为了施予者认识的和陌生的两类。在认识的人中,还要根据他们值得帮助的程度不同再次分辨。而对于陌生人,如果索要救济的人自称为司铎,就必须验明其身。但是乞讨食物的人都应该得到帮助。作者还提到了不值得救济的人,对于可以自力更生的人,不仅不能给他救济,还要迫使他改正,并嘱咐其劳作。此外,作者还进一步提到,只要这个人能够找到雇佣他的人,就能够证明他具有劳动能力。See Brian Tierney, The Decretists and the "Deserving Poor", *Comparative Studies in Society and History*, Vol. 1, No. 4, 1959, p. 367.

② Summa Imperatorie maiestati ad D. 42, quoted from Brian Tierney, The Decretists and the "Deserving Poor", *Comparative Studies in Society and History*, Vol. 1, No. 4, 1959, p. 366.

③ Johannes Teutonicus, Gl. Ord. ad D. 42, c. 2: Si autem quis petit pro nutrimento, tunc indistincte omnibus est danda … nisi quis pro securitatem cibi negligat iustitiam … si autem non pssumus omnibus sufficere, tunc danda est potius bono quam malo; consanguineo quam extraneo.

条顿人约翰之后,佩纳福特的赖孟多也在他的评注中作了类似的分类:

> 你可能物力充足,也可能不充足。在第一种情况下,你应该毫无差别地施舍……除非救济食物会让受施者忽略正义,因为在这种情形下,"从穷人手里夺去面包更为有益"……除非他因为饥饿濒临死亡,而在那种情况下,无论他是否会忽略正义,他都应该受到救助。在第二种情况下,即当你没有充足的物力满足所有人,你应该考虑九件事。①

正是基于教会法学家的评注,先前提到的诸多原则便逐渐步向了协调一致。如果没有充足的救济物满足所有人,就适用安布罗斯式的各种优先原则。如果救济物充足,就遵循金口约翰式的无差别救济规则,毫无差别地救济所有人,但例外是,不能救济那些懒汉和恶人——不值得救济的贫民,因为唾手可得的救济只会害了他们;但如果他们处于极端的贫穷情形之下,仍然应该得到救济——不值得救济的贫民例外。

某些13世纪的评注的分析明显具有一种刺耳的声音,他们引入了一条罗马法条文:基于公共福祉,那些不值得救济的贫民应该自给自足。塞古西奥的亨利和帕尔玛的伯尔纳德将这条条文引用在了一个被绝罚的司铎的案例上。这个案例询问,主教是否有职责救济这样的司铎。② 该条文还被引用在另一个案例上——一个挥霍无度的人因为铺

----

① Raymundus de Pennaforte, Summa Iuris, X, 70, quoted from Brian Tierney, *Medieval Poor Law: A Sketch of Canonical Theory and Its Application in England*, University of California Press, 1959, p. 60.

② X. 1. 4. 10.

张浪费陷入贫穷。[1] 此外，还被引用在另一个案例上——没有禄位的司铎因为沉溺赌博失去了所有个人财产。[2] 教会法学家没有主张让这样的人自生自灭，只是认为他们没有理由不自力更生。伯尔纳德和亨利都认为这些不值得救济的人应该在贫穷中劳动，并且如果一个人真的贫穷，应该得到救济。教会法学家认为，不可以凭过去的罪过和愚蠢为由拒绝救济。即使是被绝罚的人或者异教徒，也应该得到救济，只是在物力不够的情况下，他们要排到领受救济队伍的末端。唯一可以拒绝救济的理由是，布施可能会因为给受施者创造懒散邪恶的生活方式而导致犯罪。[3]

四、教会法上慈善的意义

中世纪教会济贫法中对慈善利己动机的强调，使得后代一些学者认为，这会导致对用于济贫的救济物其效用的完全忽视，并进而导致"不分区别的救济"。根据现代人的观念，这种毫无分辨的慈善，比起没有慈善活动来说，更为糟糕。因为这种问题必然造成慈善活动的效率低下，无法实现真正的公平正义。埃尔勒枢机在他的《救济史和改革文集》中列举了大量古代晚期教父们的著作选段，以此为论据，证明教会的确有对布施审慎的要求。但他的观点显然没能说服后来的学者。[4] 60 年后，阿什利爵士以一种尖酸刻薄的语气写道："毫无计划的慈善是

---

① X. 2. 28. 53.

② X. 3. 5. 23

③ See Brian Tierney, *Medieval Poor Law: A Sketch of Canonical Theory and Its Application in England*, University of California Press, 1959, p. 61.

④ See Franz Ehrle, *Beiträge zur Geschichte und Reform der Armenpflege*, Freiburg-im-Breisgau, 1881, pp. 18—24.

当今宗教的观念所促成,"①"进行慈善赠予的主要动机是为了确保在来世的利益……毫无疑问,这样的布施必然毫无计划、使人泄气,"②"随着当下的理念有关布施有功的特点,看起来禁止基督徒挣得慈善的赏报就是不虔敬的事了。"③韦伯夫妇则认为:"压倒性的趋势视布施为虔诚的行为,类似守斋和祈祷,主要是从施予者的心理状态的立足点出发的,这将导致对受施者这一角色的完全忽视。"④

事实上,这都是因为对中世纪教会济贫法的陌生所致。通过上文的探讨,可以看到,教会法学家的确在很多地方对这一主题有过深度思考和详细论述。通过对古代教会权威文字的评注,教会法学家们创立了差别救济原则,并将这一原则进一步细化,发展出了家庭责任优先原则、基督徒优先原则等。中世纪教会法学家的独特之处在于,他们从不鼓吹一些可能会阻止那些真正有需要的贫民领受到救济的政策,他们坚持需要对贫民进行区分。但是对那些假冒的职业乞丐和伪造创伤的残疾人,他们粗糙的方式可能就会失灵。

现代研究慈善的学者通常认为,在某些情况下,即时且慷慨的援助并非总能带来好处,而中世纪的教会法学家也同样清楚这点。所不同的是,现代的学者认为这种情况是人类社会中的常态,因此他们的理论与实践展现出的更多的是一种拒绝的姿态。中世纪的教会法学家也清楚这种情况,但显然他们认为这种情况在当时的社会中是不多见的,是一种特殊的道德叛逆。这不是说他们对人采取一种人性本善的态度。教会的救济机构每时每刻都在苦恼骗取救济的状况,教会法学家也一

---

① See William Ashley, *An Introduction to English Economic History and Theory*, *Part II*, Longman's, 1925, p. 338.

② Ibid. , p. 331.

③ Ibid. , p. 340.

④ See Sidney and Beatrice Webb, *English Poor Law*, *Part I*, Archon Books, 1963, pp. 4—5.

向重视对有差别救济的问题的思考。事实是,他们通过反思,认为制止和惩罚的机制作为济贫的一般政策,既无必要也不能令人称心满意,正如条顿人约翰在他的评注中总结道:"在存疑的情况下,全做或做得更多总比不做好。"①

教会济贫法中慈善的另一层意义在于,有利于商业的发展。慈善本身关乎社会公益的主题,却能从一个侧面有利于市场的健康运作,促成财富的流通与再生,也在一定程度上有助于财富得到更加公平的分配和社会正义的确立。由慈善到推动商业发展,这个曲折的奇妙转折是在三个层面上完成的。前两个层面是强调个人拥有财富的合理性以及财富的社会公益性。这两点已经在上一章有所论述。而第三个层面,乃是允许在公共利益宗旨下的经济活动。这一点,其实是强调了慈善和社会责任感在市场活动中的关键作用。

历史学家马克·布洛赫(Marc Bloch)在他的《封建社会》一书中将欧洲封建社会的历史以 11 世纪为界限划分为两个阶段。他把第二个阶段称为经济革命的阶段。欧洲人在数个世纪以来,开垦森林和荒地,使得农耕地大大拓展了,人类群体的联系也更加密切。各种力量随之兴起或得到巩固,新兴的城市中产阶级醉心于贸易,国王和诸侯则以捐税的形式获取大笔钱财,而且他们清楚地意识到能够自由通畅地传递命令和调动军队具有极大的重要性。为此所进行的一切活动,需要控制交通上的顺畅和保持各地区的联络。12 世纪,欧洲各条河流上都架起了桥梁,而挽马的技术也有了进步,大大地提高了马匹运输的效率。与邻近文明的交流也发生了重大的变化。地中海上往返的船只超过了以往,商人的贸易活动范围在不断扩展。与东方的关系也变得更加紧

---

①　Johannes Teutonicus,Gl. Ord. ad C. 13,q. 2,c. 19:ratione dubitationis melius est totum & superfluum facere,quam nihil facere.

密,商品被源源不断销往拜占庭和伊斯兰世界。低地国家的港口如布鲁日演变成为贸易中心,使得北欧的产品也能同欧洲其他地区的产品进行交换。在这样的贸易环境下,硬币和贵金属逐渐流入西欧,从而在根本上增加了欧洲的货币来源。货币的快速流通使得货币的作用在加强。正是这些原因导致了欧洲商业的复兴。① 货币的流通,商业的复兴,推动了信贷发展,高利贷者数量大增。同时城市的生活也在复兴,经济的繁荣带动了卖淫的供需量。12 世纪意大利和法兰西的城市中甚至出现了官办的妓院,13 世纪又扩展至英格兰、德意志和西班牙地区。②

　　商业的繁荣似乎与教会的道德背道而驰。9 世纪的圣人奥利拉克的杰拉尔(Saint Gerald of Aurillac)的行传中,有一则生动的故事,足以证明当时教会的道德标准与商业精神的不容。当这位虔诚的主教从罗马朝圣归来时,在帕维亚遇见了一些向他兜售东方货品的威尼斯商人,他乘机向他们展示了他在罗马购得的一条主教披肩,并说明他花了多少钱买来的。但是当商人们祝贺他做了一笔好生意,因为同样的披肩在君士坦丁堡要花更多价钱时,杰拉尔责备自己欺骗了卖主,他立即把差额寄去,不愿因贪图便宜而犯了贪婪的罪。③ 这则故事生动地说明了商业与传统教会道德的矛盾。

　　12 世纪以前的教会有一种非常流行的观点,认为商业利润是得救的障碍,会如魔鬼一般腐败人们的内心,和贪婪之罪划上了等号。11 世纪的神学家如彼得·达米昂(Peter Damian)就抨击贪婪是万恶之

---

① 参见〔法〕马克·布洛赫:《封建社会》(上卷),张绪山译,商务印书馆 2004 年版,第136—138 页。

② 参见〔以色列〕苏拉密斯·萨哈:《第四等级——中世纪欧洲妇女史》,林英译,广东人民出版社 2003 年版,第 228 页。

③ 参见〔比利时〕亨利·皮朗:《中世纪欧洲经济社会史》,乐文译,上海人民出版社 2001 年版,第 25—26 页。

源。他曾提醒拉文纳城(Ravenna)的总主教提防贪婪之风,称这是当时教会内最严重的问题。索尔兹伯里的约翰(John of Salisbury)也认为没有比贪婪更邪恶的罪了。彼得·隆巴德认为贪婪会扰乱人们全心全意敬拜天主。明谷的伯尔纳德则形容贪婪的人如同地狱。

这类思想在天主教的艺术中也有表现。《新约·路加福音》中富翁和乞丐拉匝禄的故事成为11世纪教会建筑装饰中常见的主题。在法国穆瓦萨克的圣皮埃尔修道院(L'Abbaye Saint-Pierre de Moissac)的门廊上,饰满了各种以圣经故事为题材的浮雕。当人们初步入门廊时,就可看见右侧圣母领报和看顾表亲两铺浮雕,其上是刻绘三王来朝与圣家故事的浮雕,门廊顶上是基督童年的故事,而左侧就是拉匝禄的故事。中间的一铺刻绘着富翁正在家中举办奢华的宴会,而乞丐拉匝禄则躺在门外,两条狗正舔着他的伤口,一副穷困病人的形象。而上方的一铺则刻绘了死后的拉匝禄幸福地躺在亚巴郎的怀抱中,而死后的富翁则在地狱中遭受魔鬼的惩罚,为钱袋所压。在兰斯主教座堂(Cathedral of Reims)的人物雕饰中,有更为现实生动的艺术形象——某个不诚实的布料商被逮捕控告,他正在向圣母祈求宽恕。

除了教会建筑艺术,这类思想在中世纪的劝喻文学中也有所反映。11世纪英格兰的本笃会修士、编年史家奥德里克·维塔利斯(Oderic Vitalis)在他的《教会史》(*Historia Ecclesiastica*)一书中记录了某位名叫瓦尔凯林(Walkelin)的司铎的奇特经历。瓦尔凯林在神视中看见某位已亡贵族的灵魂因发放高利贷而遭受折磨的情形。这位贵族生前曾向一位贫民放贷,可贫民无力还款,此人便克扣其研磨机。作为对其的惩罚,贵族的口中被塞入一块从研磨机上取下的热铁。[1]

---

[1] See Lester K. Little, *Religious Poverty and the Profit Economy in Medieval Europe*, Cornell University Press, 1983, pp. 36—40.

　　不过,在 12 世纪商业逐步复兴后,教会的观念却发生了变化,至少教会法学家们是如此。12 世纪中叶之前的教会法汇编中收入的教规普遍谴责一切收取利息的行为为高利贷,是一种要受到谴责的恶行。但是 12 世纪中叶后的教会法学家已经不排斥这种活动了,相反,他们已经察觉到,放贷收取恰当利益,都可能最终造福贫民,而这恰恰是应该得到鼓励的。因此,他们通过法律技术手段,允许高利贷者、优伶、妓女等人将自己的收益拿出,用于社会公益。若有必要,甚至可以用强制手段迫使富人交出财产。拒绝将财富用于社会公益,只会导致财富停留在消费和流通之外,造成经济活动的滞缓。而为了民众的福利将财富用于正当的用途,有助于进入消费和流通,有助于刺激整个社会经济的活跃和繁荣,这类似于我们今天所说的"扩大内需"。拒绝把财富用于公益,等同于是把财富埋入地下,反而是一种不道德的行为。

　　教会法学家的济贫法思想对于商业的推动,其关键因素在于对社会公益性和伦理道德意义两点的强调。西方的市场经济道德,在这个时期已经出现了萌芽,而不是要等到马克斯·韦伯所谈论的新教伦理。

第四章 教会法上的济贫机构

在讨论了教会法上的慈善后,本章将要关注执行教会济贫的机构以及教会对这些机构在实施济贫活动时的立法规范。这些济贫机构包括了——堂区、修道院与善堂。

一、堂区

(一)堂区济贫的前身——教区

《格氏律》中所收入的教规,强调了主教在其管辖的教区(diocese)范围内,负有救济、保护贫民的责任。例如,格拉蒂安自己在讨论这个问题时所插入的评注:"一般来说,主教应该为贫民和无法亲自劳作的人提供必需品。"[①]"主教应该热衷保护贫民和救济受压迫者,并且保持警醒。"[②]"好客对主教来说是如此必要,以至于任何人被发现缺乏这种品质的,将被禁止祝圣为主教。"[③]

---

① D. 82,d. a. c. 1:Generaliter etiam pauperibus et his,qui suis minibus laborare non possunt,episcopus necessaria prouideat.

② D. 84,d. a. c. 1:Sollicitum quoque ac uigilantem oportet esse episcopum circa defensionem pauperum,releuationem obpressorum.

③ D. 85,d. a. c. 1:Hospitalitas uero usque adeo episcopis necessaria est,ut,si ab ea inueniantur alieni,iure prohibeantur ordinari.

　　尽管格拉蒂安在对主教在救济贫民方面的义务表述得比较零碎，但仍然可以用一个词来概括——"好客"（hospitalitas）。根据上述格拉蒂安的评注，好客既是一种担任主教所必须具备的品质，也是其职责所在。"好客"在中世纪教会的济贫法中是一个非常重要的词，教会法学家在论述圣职人员在济贫时的职责时，往往要使用这个词，有时候会使用一个词组"tenere hospitalitatem"，意指圣职人员有责任"保持好客"。"好客"一词的最基本含义是接纳欢迎外方人，但教会法学家们往往在一个更为广义的含义上使用这个词，用来指代一般意义上的布施与济贫。例如条顿人约翰在针对格拉蒂安"一般来说，主教应该为贫民和无法亲自劳作的人提供必需品"这句评注写道：

　　　　首先他给好客下了定义。①

　　此外"好客"一词还时常与另一个词"慷慨"（liberalitas）混同。这体现在《格氏律》第 86 个类别中。在这个类别下，格拉蒂安就"慷慨"写道：

　　　　司铎应该向贫民展现出慷慨（liberalem），否则他就空有主教之名。②

　　对于"慷慨"一词，鲁费努斯在他的《概述》中对这个词的解释是：

　　　　这里所说的慷慨，关乎前述的一条教规，规定了主教必须保持

---

　　①　Johannes Teutonicus, Gl. Ord ad D. 82, d. a. c. 1：In principio tamen point de hospi-talitae.

　　②　D. 86, d. p. c. 5：Liberalem quoque necessitatem patientibus sacerdotem esse opor-tet; alias autem uacuum portabit nomen episcopi.

好客(hospitalem)。如果他拒绝向乞讨者展开他的手,又如何能指望他会看顾已经收入家中的呢?[①]

条顿人约翰对此的评注也是认为,此处慷慨意指好客。[②]

但还有一些教会法学家持不同的观点。例如笔者在上一章中所提到的图尔奈的斯蒂芬在他的《概述》中就将"慷慨"和"好客"区分开来,对"好客"采取狭义的解释,即仅仅招待外方人。不过他的观点仅仅是一家之言,并没有成为主流。

综上所述,照顾救济贫民的义务,落在了以主教为首的教区内。

《格氏律》中收入的教规不仅规定了主教有义务监督对贫民的照料,而且还规定了教区应该如何按比例从收益中划出用于救济的款项。其第二部分第12案例下罗列的一条安条克会议的决议规定了主教有权将教会财产分配给贫民。[③]

教区对其收益有一项传统的划分方式——四等分的法则。主教留下一份用于自己,一份留给教区内的圣职人员,一份用于教堂的建设与维修,一份用于济贫。这种划分的规则在收入《格氏律》的5世纪教规中也可以寻见。[④]

当什一税成为整个天主教会强制性的税收后,四等分的划分原则也被运用其上。蒂尔尼认为,有些观点主张什一税是特别用于济贫的基金,这是站不住脚的。他认为教会济贫的资金应该是从整体上的收益计算,什一税不是特例。[⑤]

---

① Rufinus,Summa Decretorum ad D. 86,d. p. c. 5.

② Johannes Teutonicus,Gl. Ord ad D. 86,d. p. c. 5.

③ C. 12,q. 1,c. 23.

④ C. 12,q. 1,c. 26—31.

⑤ See Brian Tierney,*Medieval Poor Law: A Sketch of Canonical Theory and Its Application in England*,University of California Press,1959,p. 70.

(二) 从教区到堂区：中世纪盛期的转变

实际上《格氏律》中所收入的相关教规，都是对 4 到 6 世纪教会的规定，而在中世纪盛期，这种规定中主教负责制的教区济贫系统到底在多大程度上维持着呢？是否能够适应不同的时代？在《格氏律》编纂完成以前的 5 个世纪中，教会的基本单元就发生了转变，教会的最基层单位从教区转为了更小的单元——堂区。每一个堂区都是一个独立的经济单元，堂区司铎负责本堂收益的管理。这些收益来自三个来源：获赠土地的收入、堂区信众的献仪、什一税。用于救济贫民的资金要从这三个来源的资金整体上进行计算。实际上，这是将原本归属于教区的收益分走了一部分，而《格氏律》中那些规定由主教来负责的早期教规，此时已经行不通了。

而随着中世纪世俗封建政权对教会行使保教权（patronage）和各种私有教堂（ecclesia propria）林立欧洲，有关教会收益的分配变得更为复杂。拥有保教权的一方封建领主，通常较为富有，他在自己的土地上建立一所教堂，划分一些地产交给这所教堂，这个领主也自然而然认为这所教堂的收益都是他个人的财产，同时也控制着教堂圣职人员的任免。领主视这座教堂和他自己的其他财产一样，可以变卖、交换、赠予，或者作为遗产，他可以雇佣一名圣职人员，可以将地产以"禄位"（beneficium）①的模式交予一名圣职人员，又可以撤销他的职位，要求他效忠自己，可以在圣职人员死亡后再次收回教堂，或者在没有圣职人员的情形下自己代为收取教堂的收益。这种情况最先出现在 7 世纪的

---

① 禄位，即有收入的教会职位，是一座教堂及管辖该堂的堂区司铎两者间的核心。教堂及其收益就是本堂司铎的禄位，持有禄位的司铎得享一份年俸，还能从教堂的收益中获得一些其他的利益。教会的禄位其实源于欧洲封建时代的采邑制度这种土地占有的形式。加洛林时代的君主与领主们将土地封赏给臣属，以换取臣属在兵役或行政上的效劳。

法兰克王国,某所教堂的保教人可以是一位封建领主,也可以是国王。虽然私有教堂的出现对教会早年的传教活动起到了促进的作用,但这毕竟和教会的教区主教负责制传统针锋相对。原本主教指定辖区内各职位上的牧人,但如今却变成了由世俗领主们摆布。

这种情况极容易造成一个问题,即原本堂区内用于济贫的资金,可能会落入保教人或者由他选择的圣职人员手中,而他们对堂区内信众的情况可能所知甚少,甚至毫不关心他们的需求。譬如,当某位平信徒对某一堂区实行保教权时,他本人无法直接将堂区收益纳为己有,但他可以设立某位亲属或者亲信成为该堂区的司铎,后者可能无须常驻堂区,便可吸去全部收益。这种情形被称为"占用"(appropriation)。[1] 为了应对这一情况,至 12 世纪末,教会规定一切新的教堂占用,必须经过该堂区所属教区主教的批准,但通常情况下主教都会同意,占用的情形在整个中世纪屡见不鲜。[2]

《格氏律》中所收入的早年教会权威,显然已经无法应对中世纪盛期的这种情况。所以普遍的论调是,中世纪盛期缺少有效的系统以管理教会收益和将其中一部分用于救济贫民。阿什利认为,至 12 世纪很多地区已经不再提及什一税的应用,甚至几乎遗忘了。[3] 韦伯夫妇也认为,至 12 世纪什一税早已不再应用于济贫的目的,尽管不时有禁令

---

[1] 无论是平信徒领主还是主教座堂、修道院等教会机构,都可以占用某一堂区。当堂区被占用时,占用的主体便有权为自己的目的使用堂区的收益。对堂区的占用包含了两种形式,一种是在俗务和教务上同时占用,称为"全权占用"(cum pleno jure),另一种形式仅在俗务上占用。在全权占用的情形下,占用主体成为堂区实际的主持人,既可以处分堂区收益,也需负责堂区牧灵方面的事务。但无论是平信徒领主还是主教座堂或修道院本身,皆无法行使牧灵方面的事宜,因此通常雇佣一位司铎代为行使。

[2] See R. A. R Hatridge, *A History of Vicarages in the Middle Ages*, Cambridge, 1930, pp. 1—22.

[3] See W. J. Ashley, *An Introduction to English Economic History and Theory*, London, 1925, p. 309.

甚至成文法律出台,这些挂名主持者早就不再实施济贫了。[1] 库尔顿则坚持认为中世纪的人都很清楚,贫民对教会收益的四分之一或者三分之一享有权利,只是中世纪教会的堕落使得在实践中贫民无法主张其应有的权利。[2] 蒂尔尼则提醒读者要保持审慎,不能因为 12 世纪不好的开端和 15 世纪末更坏的结局,就认为当中的时期是一个不断恶化的进程。他认为这一时期是人类智力史上百花齐放的阶段。在他看来,阿什利和库尔顿的观点都只是将问题过分简单化,他认为中世纪的圣职人员不可能从 12 世纪始就逐渐遗忘教会古代法律中对财产收益用途的规定,并到了 15 世纪时已经遗忘殆尽。蒂尔尼还提醒注意期间法学研究复兴的情况。[3]

(三) 堂区济贫的立法与实践

随着教会的基层单位从教区向堂区转变,《格氏律》中收入的条文到中世纪盛期时显然已经无法适应实际生活。但中世纪的教会法学家们依然对其中的内容不断进行注疏,将这些教规中所蕴含的原则适用于他们这个时代的社会环境之中。

教会法学家首先要完成的任务是证明堂区吸收原先属于教区收益一事的合理性。格拉蒂安在面对第一个问题时显得步履艰难。首先他要调和的是那些规定财产应该公有的教规和将某些赠予分配给司铎个人情形的矛盾。譬如《格氏律》第二部分第 12 案例第 1 问下就收入了若干条教规,尤其是一篇教宗杰拉修一世(Pope Gelasius I)的手谕,要

---

[1] See Sidney and Beatrice Webb, *English Poor Law History: Part I*, London, 1927, p. 3.

[2] See G. G. Coulton, *Five Centuries of Religion*, Vol. III, Cambridge, 1923—1950, pp. 198—214.

[3] See Brian Tierney, *Medieval Poor Law: A Sketch of Canonical Theory and Its Application in England*, University of California Press, 1959, pp. 73—74.

求严格遵循收益四等分的规则,禁止将任何教会接受的捐赠永久转让给教区内的圣职人员。① 格拉蒂安对此有一些不成系统的论述,一方面,他认证了那些禁止将公有教会财产私有化的教规②,但同时对那些已经以"禄位"模式设立的地产也予以承认③,但他最终也没有调和权威和实际的冲突。《巴黎概述》的佚名作者则无意于调和教规与现实的矛盾,他将这个问题搁置一边。他认为格拉蒂安提出的问题,在当下无疑完全是普世遵循的习惯。他解释说,个人禄位的存在并不违背教会财产应该公有的规定,因为司铎并不真正拥有他所管理的财产,只能取所需的供养自己,并且必须将余下的用于教会与贫民。④ 条顿人约翰在他的《〈格氏律〉标准注疏》中解释,教宗杰拉修一世的禁令其实只是针对他信中所提及的某个特定教区,而这个教区内的圣职人员有一些恶行。一般来说,教会的财产可以合理地在单个司铎之间划分。约翰认为,这样的安排能使得对财产的管理更加有效。他还举出《格氏律》中收入的其他教规来论证主教有权进行这种划分。⑤

在论证了堂区吸收教区收益合理性之后,中世纪教会法学家又要处理原来古老教会法律中规定的主教义务在新时期中的落实问题。他们认为,原先主教的义务随着堂区神父对禄位的取得而转移到了他们身上,这包括救济贫民的责任。对此问题的论证,教会法学家是从对《格氏律》中教父哲罗姆的两段话所进行的评注展开的。哲罗姆的一段话称"司铎应该满足于衣食"。⑥ 另一段话称"圣职人员所有的,都归属

---

① C. 12, q. 1, cc. 25—27.

② C. 12, q. 1, d. p. c. 25.

③ C. 12, q. 1, d. p. c. 27.

④ Summa Parisiensis ad C. 12, q. 1, d. p. c. 25 and d. p. c. 27.

⑤ Johannes Teutonicus, Gl. Ord. ad C. 12, q. 1, d. p. c. 25 and C. 12, q. 2, c. 3.

⑥ C. 12, q. 1, c. 7.

于贫民"。① 教会法学家没有从字面意义上来理解这两段话,他们认为
"衣食"二字应该根据"尊严、学识与高贵"而有所不同,圣职人员有权从
教会收益中取得一部分以维持和自己身份相称的生活。但教会法学家
从中引申出,贫民对此也享有一份权利。帕尔玛的伯尔纳德在《〈格里
高利九世手谕集〉标准注疏》中对几篇手谕的评注,提及了这点。有一
篇手谕禁止圣职人员设立遗嘱遗赠教会财产,称圣职人员只有教会财
产的使用权,没有所有权。② 伯尔纳德评注道:"他们应该满足于衣
食……将一切都遗留给贫民。"③另一篇手谕则规定,应该根据教会的
物力和开销,确立事奉教会的圣职人员的人数。④ 伯尔纳德评注道,在
估量可用的物力时,必须要注意教会所负担好客的那部分开销,以及支
付给主教的那部分。⑤ 此外,还有一篇教宗英诺森三世的手谕,英诺森
三世在手谕中斥责某位申请教会职位,却隐瞒他早已享有充足禄位这
一事实的司铎。⑥ 伯尔纳德由此发问,究竟什么样才算是一份充足的
禄位? 他回答说,充足的禄位应该足以恰当地维持司铎和他的支持者,
支付主教的那部分,以及接待前来求助的贫民。⑦ 相似的论证还见于
约翰·安德烈在《第六书》中的评注。⑧

　　此外,如前所述,条顿人约翰认为,可以通过司法程序强迫任何富
人布施贫民。就这个焦点,教会法学家有时认为,救济贫民无疑应该成
为圣职人员接受禄位的伴随义务,若有必要,其长上可以强迫他履行义

---

① C. 12, q. 1, c. 68.

② X. 3. 26. 9.

③ Bernardus Parmensis, Gl. Ord. ad X. 3. 26. 9.

④ X. 3. 1. 9.

⑤ Bernardus Parmensis, Gl. Ord. ad X. 3. 1. 9.

⑥ X. 1. 3. 17.

⑦ Bernardus Parmensis, Gl. Ord. ad X. 1. 3. 17.

⑧ Johannes Andreae, Gl. Ord. ad Sext. 1. 16. 19 and 3. 4. 1.

务。卡萨尼的赞泽林在其《〈约翰二十二世编外卷〉标准注疏》中对此有过详细论述。他将平信徒和没有禄位的圣职人员划分为一类，将享有禄位的圣职人员划分为另一类。他认为前一类人对展示好客负有道德上的责任，但没有法律上的可强制义务。后一类则负有教会法上的义务，可以由长上强制其履行，因为"凡教会所有，皆属于贫民"[1]。

　　在教会应该向贫民提供救济的具体数额上，教会法学家的讨论则显得相当含糊。条顿人约翰乐观地认为，教会的正常收益足以应付每位前来求助的人，但是堂区的济贫责任并不仅限于堂区信众，因此要求每一所教堂都拥有足够的捐助以布施显然不现实。[2] 英诺森四世认为，所有的教会所提供的救济数额应该保证"正常而合理"[3]，塞古西奥的亨利与卡萨尼的赞泽林也持有相同的观点[4]。这种论调看上去相当模糊，面对各地差异迥然的教堂，教会法学家只能从一般原则上来提出要求。具体的规定则由当地教堂来制定。例如在英格兰，1281 年的一次教省会议规定，救济数额应该按照每座教堂的物力提供。[5] 教会法学家明白，每个堂区的救济开销会随着地域的不同而不同，例如靠近要道上的教堂可能尤其会遇到不少乞讨者，因此他们认为这种情况也应该作为收益是否充足的考虑因素之一。

　　因此，虽然教会法学家没有像那些古老的教规一样规定了严格的若干等分，他们确实要求堂区收益的使用应该遵循早期教规的规定——一部分给司铎自己，一部分给主教，一部分用于济贫。教会法学

---

① Zanzellinus de Cassanis, Gl. Ord. ad Extrav. Jo. XXII, 1. 3. 1.

② Johannes Teutonicus, Gl. Ord. ad C. 16, q. 1, c. 68.

③ Innocent IV, Commentaria ad X. 3. 5. 12.

④ Hostiensis, Commentaria ad X. 3. 5. 12; Zanzellinus de Cassanis, Gl. Ord. ad Extrav. Jo. XXII, 1. 3. 1.

⑤ See Brian Tierney, *Medieval Poor Law: A Sketch of Canonical Theory and Its Application in England*, University of California Press, 1959, p. 78.

家很少在这里提及教堂的修缮,也许有关修缮的责任在各个基督教国家有不同的地方习俗。例如在英格兰,主流的习俗是,司铎负责圣所的保养,堂区信众负责大堂的保养。[①]

如果保教人或者挂名的圣职人员擅自将堂区的收益挪为己用,那么以上教会法学家有关堂区收益用于济贫的理论都将变得毫无意义。因此教会的立法者十分注重保教权和占用堂区的滥用问题,从 12 世纪晚期起,教宗和教会会议就十分关注以确保司铎能够真正常驻在堂区内,无论是司铎本人还是某些教会机构通过占用的方式请来替代空缺司铎之职者,都能够享有充足的俸禄,以体面地生活,并履行他的各类义务,包括救济贫民的义务。1179 年的第三次拉特朗大公会议探讨了保教权被滥用的问题,并作出了如下决议:

> 由于某些地方教堂的创建者或者他们的继承人滥用教会授予他们的权利,违反法律选举了多位司铎,而这些司铎不分主从(即每个司铎都拥有相等的权威),我们现在规定,如果碰巧教堂的创建者们(或他们的继承人们)支持多位候选人,那么就由其中最有资格的人且获得支持最多的人当选司铎。但如果完成这项工作会带来恶名,就由主教根据天主的意志所认为的最佳决定进行任命。当多人之间发生有关保教权的争议时,如果在 3 个月的期限内仍未决定保教权属于何人,就仍然由主教进行抉择。[②]

根据该会议决议,在堂区内司铎的职位空缺超过 3 个月,而有权

---

① See Brian Tierney, *Medieval Poor Law: A Sketch of Canonical Theory and Its Application in England*, University of California Press, 1959, p. 79.

② X. 3. 38. 3.

任命司铎的保教人仍然未能做出决定之时,主教就可以介入并亲自任命。

保教权和占用堂区问题的最终解决是永久代牧制度的设立。只要空挂虚名的司铎能够继续吸取堂区的收益,就有可能会出现滥用的问题。因此教宗和教会法学家发展出了一套理论,任何司铎空缺的堂区,都应该设立一位代牧,并享有堂区收益中的一部分。这最终在 1215 年第四次拉特朗大公会议上以决议的形式颁布:

> 某些地方正在兴起一种恶行,即教堂的保教人和其他某些人(包括主教在内)将教堂的收益挪为己用,只留了微不足道的一部分给了教堂的司铎,剥夺了他们过有尊严的生活的物资。我们从某种渠道(其真实性毋庸置疑)获悉,在某些地方,堂区的圣职人员所能领到的物资是四分之一的四分之一,即什一税的十六分之一。因此,在这些地方很少能发现稍微具备一点文化知识的司铎。用来打麦的牛不能封了它的嘴,所以服侍祭台的人也要依靠祭台而活,我们规定,不允许主教、保教人以及其他任何人的习惯阻碍了司铎领取充足的俸禄。堂区的司铎必须亲自服侍,不得将其管理交予代牧,除非碰巧某个堂区附于某份禄位或职位之上,在这种情况下,我们允许拥有这份禄位或职位的人,由于应当服侍更重要的教堂,他可以给该堂区任命一位合适且固定的代牧。如前所述,这位代牧应该享有教堂收益中合适的一部分。否则,应以本规定的权威,革去他的禄位或职位,并授予愿意且能够履行前述规定的人。我们也绝对禁止任何人采用欺诈的手段,擅自将教堂收益中本该属于某位司铎的生活费,以禄位的形式另授他人。①

---

① X. 3. 5. 30.

中世纪教会法中有关堂区济贫的立法在实践中又是否普遍受到遵从呢？诗人乔叟在《坎特伯雷故事集》中描绘了一个兢兢业业、勤勤恳恳的穷堂区司铎形象：

> 这又是一个好人，是位穷教士；
> 虽主管着城里某个教区的事，
> 却还不乏崇高的思想和作为。
> 他很有学问并且任职于教会，
> 真心实意地宣讲基督的福音，
> 热诚地教导他教区里的教民。
> 他出奇地勤奋并且满心仁爱，
> 然而在逆境里却又善于忍耐——
> 有很多事例证明他是这种人。
> 不向他缴什一税，他也绝不肯
> 把人家逐出教门，却毫不迟疑
> 动用收到的捐款和自己收益，
> 拿出一部分在附近扶贫济苦。
> 他自己所求甚少，很容易满足。①

乔叟笔下的这一人物似乎在现实里也能得到印证。蒂尔尼就以1291年英格兰教会制作的《尼古拉四世税收评估》(Taxatio Nicholai IV)中奇切斯特教区(Diocese of Chichester)的记录为例(详见附录三)。过去一年中，奇切斯特教区82％的堂区司铎收入评估为至少5英镑，59％的堂区司铎收入评估为至少7英镑，32％的堂区司铎收入评

---

① 〔英〕杰弗雷·乔叟：《坎特伯雷故事》，黄杲炘译，上海译文出版社2007年版，第19页。

估在至少 10 英镑。而实际中,他们的收入可能要翻倍。如果保守估计,以他们评估的收入为基础再增加 50%,那么有 82% 的堂区司铎收入超过 7 英镑,59% 的堂区司铎收入超过 10 英镑。堂区司铎收入的平均数恰好超过 10 英镑一点。《尼古拉四世税收评估》中其他教区堂区司铎的收入也大致在这个水平。除了依靠禄位的收入,司铎们通常还有一些额外收入。蒂尔尼据此认为,中世纪英格兰教会的教区一般不会太穷,通常有足够的资金用来济贫,穷困的堂区只是例外。[①]

蒂尔尼的这一论证只具有参考意义,并不能必然推出教会济贫法得到遵守,因为即使堂区收益丰富,也未必能依照法律用于济贫。如 14 世纪伊利教区格拉斯登堂区(Gransden)的信众就向他们的主教福德姆(Bishop Fordham of Ely)抱怨他们的司铎未经许可就擅离职守,导致包括济贫在内的一切职责无人履行。同样是 14 世纪的伊利教区,金斯顿堂区(Kingston)的信众向主教阿伦德尔(Bishop Arundel of Ely)控告他们的司铎约翰·波丁顿(John Podyngton)疏于照看堂区,不看顾病人,放任婴儿未领洗便死去。此外,14 世纪诺福克教区的西辛堂区(Seething)的司铎因密谋私吞什一税而被告发时,曾抗辩称圣吉尔善堂(Hospital of St. Giles)的负责人疏于救济贫民。[②] 由此可见,中世纪堂区济贫活动的开展情况可能并非蒂尔尼估计得那般乐观。

二、修道院

修道院在古代晚期和中世纪早期阶段,为教会做出了不可磨灭的

---

① See Brian Tierney, *Medieval Poor Law: A Sketch of Canonical Theory and Its Application in England*, University of California Press, 1959, pp. 95—96.

② See K. L. Wood-Legh, *Studies in Church Life in England under Edward III*, Cambridge University Press, 1934, pp. 241—243.

贡献。日耳曼人的皈依和智力的开发很大程度上归功于修道院文化。然而,到了公元 7 至 8 世纪,修道院文化遭遇了很大的危机。各修道院的财富逐渐增多,这不但阻碍了修道者的纪律,而且也唤起了世俗贵族和圣职人员的贪心。修道院的财产和权利经常遭到严重的侵略。面对这一困境,修道院内部发起了革新。在修道院衰落的背景下,兴起了一座新的修道院。910 年法国南部的阿基坦公爵虔诚者威廉(Wilhelmus Pius)在勃艮第地区的克吕尼创立了一所隐修院。威廉要求修道院不受任何地方贵族或主教的控制,将它直接交给罗马来监督。克吕尼隐修院恢复了已被遗忘的古代严格的本笃会会规,强调对院长的绝对服从,每天祈祷,礼仪庄严端正,保持克己修身的纪律,过与世隔绝的生活。后来克吕尼的修士们在别的地方也建立了一些新的修道院,逐渐形成了一个庞大的修道院联盟。受到克吕尼的影响,欧洲其他地区的修道院也出现了改革的趋势,修道院的威望逐渐恢复。至中世纪盛期时,大大小小的修道院遍布了全欧洲。这些修道院彼此之间的差异很大,不仅所属修会和遵循的规章不同,组成人员的数量、积累的财富以及对财富的运用也各不相同。但有一点却是相同且普遍的,那就是修道院负有照看贫民的义务。他们为贫民提供日常的饮食,为贫穷的旅者提供住宿,有一些还提供医疗上的援助,甚至为穷苦的孩童开办学校。

　　以本笃会为例,从中世纪盛期开始,该会的修道院在济贫活动方面已经有了一定的制度化。济贫事业由专人担任的施赈员担任,修道院的门楼前通常建有相连的为贫民提供食宿的施赈所(almonry)。施赈所内往往配有厨房、寝室等设施,较大修道院的施赈所还配备小礼拜堂。此外,本笃会的修道院还在大门或施赈所外向贫民提供救济。这样的救济可能是有时节性的,如在修道院主保圣人瞻礼或教会礼仪年中的重大节日当天才会进行。在中世纪晚期,较大的修道院可能每周在院外进行一次这样的济贫活动。①

现代学者对于历史上的修道院在济贫方面的贡献程度有很大的分歧。英国的历史学者、枢机主教加斯凯特以英国的修道院为例,认为中世纪的修道院有充足的收益,他们利用收益布施贫民,并将修道院的屋舍充作善堂和宿舍之用,为许多弱势人群尽可能提供帮助。② 持相反观点的有英国学者 R. H. 斯内普(R. H. Snape),他认为中世纪的修道院在济贫方面是相当吝啬的,他所展示的数座英国修道院的财政记录中,将收益用于济贫最多的修道院,其济贫的支出也仅仅占据所有收益的 5%。③ 蒂尔尼则认为,斯内普的观点未免以偏概全,将修道院用于慈善的开销以占据修道院总收入的百分比形式表现而出,会引人误解。他指出,某些真正用于慈善用途的开销是很难计算出的。他以中世纪最常见的情形——修士们将他们餐桌上吃剩的食物施予贫民——为例,他认为在这方面的花销一定是庞大的,因为修士除了为己所需,一定还会为了施舍贫民做出充足的准备。用于济贫的花销的百分比表面上虽然低,但并不意味着修士们就一定忽视了他们济贫的义务。他还指出,修道院首先并非是一所慈善机构,修道者的首要任务是遵循他们的规章制度每日崇拜敬礼天主。④

教会法学家所面对的中世纪修道院在济贫方面的问题,其实是和堂区紧密相关的。不仅仅是世俗领主,中世纪的修道院也可以成为某

---

① See James G. Clark, *The Benedictines in the Middle Ages*, New York: The Boydell Press, 2011, pp. 182—183.

② F. A. Gasquet, *Henry VIII and the English Monasteries*, vol. II, John Hodges, 1888, p. 500.

③ See R. H. Snape, *English Monastic Finance in the Later Middle Ages*, Cambridge University Press, 1926, pp. 110—118.

④ See Brian Tierney, *Medieval Poor Law: A Sketch of Canonical Theory and Its Application in England*, University of California Press, 1959, pp. 80—82.

个堂区的保教人。当某所修道院成为某一堂区的保教人时,它可以以团体法人的身份名正言顺地吸走堂区的所有收益。修道院可以在该堂区设立一名司铎,为信众举行圣事,而原本应该由他领取的俸禄,却转移到了修道院的手中。在这种情况下,堂区被修道院占用了。

蒂尔尼认为,这种情况下的堂区收益分配虽然极易被滥用,但从本质上来讲并非一定就是不利的。每个堂区的收益可能相差悬殊。那些富得流油的堂区的收益可以提供司铎奢华的生活,并足够救济堂区内的贫民。自然而然,富有的堂区更容易被修道院占用。但是如果收益超出堂区本身所需使用的数额,将超出的部分用于教会的其他用途,也并非是不明智之举。甚至在早年,堂区的占用也起到了有利于教会的作用,当时堂区的收益往往被世俗领主所搜刮,为了保护教会的利益,一些极有才干的修道院院长就通过占用的手段,防止堂区的收益被平信徒所占据。此外,大部分挂名的圣职人员也不一定就是闲人,他很可能会对自己堂区内的事务尽忠职守。这个制度中所存在最大的危险或者说缺陷是,容易造成挂名的司铎将堂区收益视为对自己完成工作的回报,从而忽视了收益本身附随的一系列义务。[1]

针对修道院在堂区占用中发生的问题,1179 年第三次拉特朗大公会议作出了如下决议:

由于我们的职责不仅需要传播信仰,还要促使其四处生长,我们要借着授予我们的权威,尽力鼓励那些正确的事,纠正那些远离真理道路的事。通过我们的弟兄和主教们的哀怨,我们了解到圣殿骑士团和救伤团以及其他一些修会,越过了宗座赐予他们的特权,过于频繁地侵犯主教的权威,这样的举动不仅对天主的子民来

---

[1] See Brian Tierney, *Medieval Poor Law: A Sketch of Canonical Theory and Its Application in England*, University of California Press, 1959, p. 72.

说是件丑闻,而且也给灵魂带来了致命的危险。我们获悉他们从平信徒手中接受教堂,向被绝罚和禁罚的人施予圣事和举行基督徒的葬礼,未经通知主教并获得批准,就擅自任命或罢免主教辖下教堂里的司铎……我们禁止他们及其他所有修会,未经主教许可从平信徒手中领受教堂和什一税,而他们最近违反本指示所接受的教堂和什一税,应当予以放弃……①

这份决议谴责了一些修会团体超越所被授予的特权范围,擅自占用堂区,并规定了如果要占用一处堂区,需要经过主教同意。并且该决议具有溯及力,但凡近期作出违反本决议规定的占用,都归为无效。在永久代牧方面,1215 年第四次拉特朗大公会议上虽然颁布了相关决议,但不久之后又面临新的问题,修道院拒绝为设立的代牧提供合理的俸禄。这个问题在 1311 年维埃纳会议上得到解决。这次会议规定了,由修道院提名代牧人选,由主教任命,由主教本人从堂区收益中取出合理的一部分分配给代牧。② 1311 年的会议还规定了有关代牧俸禄的例外,即由修道院自行负担所有开销,约翰·安德烈认为这部分开销中也包含了救济贫民的支出。③

三、善堂

(一) 善堂的历史

除了堂区和修道院外,第三种教会的济贫机构是善堂(hospital)。

---

① X. 5. 33. 3.
② Clem. 3. 12. 1.
③ Johannes Andreae,Gl. Ord. ad Clem. 3. 12. 1.

这个词后来又衍伸出了英语中的医院一词,但两者的性质是不同的。善堂的词源来自拉丁语的"好客"(hospitalitas)一词,这意味着它的首要(也是最初)功能是款待外方来的朝圣者和旅人。随着后来的发展,善堂的功能愈发多样,才出现了提供医疗上的援助的服务。与近现代的慈善机构相比,中世纪的善堂规模通常较小,并且具有地方性,并不隶属于任何庞大的机构。善堂内的工作人员一般是修士修女,但后来也有一些平信徒加入其中。

中世纪的善堂具有显而易见的宗教因素,即使是那些由世俗政权控制的善堂也不例外。这是源于善堂在早期便与教区和修道院有紧密的关联。在欧洲的大多数地区,最早已知的善堂总是附属于主教座堂。即使某些善堂的管理权转移到了世俗政权手中,依然受到教会的监督。

善堂的历史可以追溯到古代晚期的东罗马。公元 362 年罗马皇帝尤利安在帝国内的许多城市里建立了名为 Xenodochia 的慈善机构,这些机构主要是为贫穷的旅行者提供服务。教父金口约翰在君士坦丁堡的郊外建立了一所麻风病院。公元 368 年至 370 年间,凯撒利亚的巴西略在当地建立了一所善堂,用以缓解当时的大饥荒。①

善堂在欧洲西部地区的发展则要晚得多。6 世纪初,法国南部阿尔勒地区的总主教凯撒(St. Cesaire)据称就为贫民建立了一座宽敞的屋舍。此后,鲁昂、亚眠、兰斯的主教们相继建立了类似机构。到加洛林时代,善堂的建设达到了一个高潮,其中包括巴黎著名的"天主之家"(Hotel-Dieu)。在意大利,7 世纪时罗马的万神庙边建立起了圣玛利亚善堂(Hospital of Santa Maria),这所善堂为当地的贫民和外方人提供了 100 多个床位。8 世纪时,圣西尔维斯特与玛利亚教堂(Saints Sil-

---

① See James Brodman,*Charity and Religion in Medieval Europe*,Catholic University of America Press,2009,pp. 47—49.

vestro and Maria）的 执 事 们 和 阿 比 西 尼 的 圣 斯 德 望 修 道 院 （Sto. Stephano degli Abissini）的修士们各自建立起了善堂，为前来罗马朝圣的外方人提供服务。在罗马以外，879 年，米兰总主教安斯佩塔 （Archbishop Ansperta of Milan）在圣安布罗斯修道院（Monastery of St. Ambrose）的基础上建立了一所善堂，为贫民和外方人提供服务。 在德意志地区，科隆（Cologne，866 年）、艾赫施泰特（Eichstätt，888 年）、奥格斯堡（Augsburg，923 年）、不莱梅（Bremen，937 年）四个教区 的主教们也建立了各自的善堂。在伊比利亚半岛，580 年，一位名叫玛 索那（Masona）的主教在美利达（Merida）地区建立了一所善堂。此后 938 年，在巴塞罗那也有善堂建立的记载。在英格兰，有明确记录的善 堂要到诺曼征服之后。但尊者比德与阿尔昆（Alcuin）的著作中曾提到 相关机构，如阿特勒斯坦国王（King Athelestan，925—939 年期间在 位）曾在约克建立过一所善堂。[①]

　　从 11 世纪开始，欧洲出现了更多的善堂。12 至 13 世纪是欧洲善 堂建设的巅峰时期，出资建造善堂的人也不再仅仅局限于教区主教，普 通的圣职人员、修士修女、国王、封建领主、商人都建立了他们的善堂。 善堂的建设目的呈现多样化的趋势，有麻风病院、育婴堂、产院、养老院 等，规模较小的善堂致力于某些专一的慈善事业，而规模较大的善堂则 具备多种功能。到了 14 世纪中期，仅英格兰就有 600 多所善堂。

　　中世纪盛期存在的善堂大致可以分为五类：（1）主教出资建造的善 堂；（2）圣职团出资建造的善堂；（3）普通圣职人员出资建造的善堂； （4）修道院出资建造的善堂；（5）平信徒出资建造的善堂。

　　主教出资建造的善堂在前面已经有所叙述。这里提及一处英格兰

---

① See James Brodman，*Charity and Religion in Medieval Europe*，Catholic University of America Press，2009，pp. 50—54.

在诺曼征服后,有最早记载的是 1077 年坎特伯雷总主教兰弗朗克
(Lanfranc)建立的两所善堂,一所用于救济贫穷的旅者,另一所用于救
助麻风病人。[1]

从 12 世纪起,一些主教座堂的圣职团也开始了他们的慈善活动,
出资建造善堂。他们的动机多种多样,例如,中世纪著名的圣地亚哥
(Santiago de Compostela)朝圣之路沿途的主教座堂圣职团迫于朝圣
者人数众多的压力,在图卢兹(Toulouse)、科曼日(Comminges)、莱斯
卡尔(Lescar)、潘普洛纳(Pamplona)、莱昂(Leon)以及圣地亚哥等地
都建设了专门服务朝圣者的善堂。有时候,有些圣职团为了过更加严
格的团体生活——通常是遵循圣奥古斯丁会的会规——建立了各自的
善堂。例如 13 世纪初的列日(Liege),当地圣职团建立了一所名为圣
马太的善堂(Hospital of St. Matthew),以取代过去由主教建造、后不
复存在的善堂。13 世纪后期的卡斯蒂利亚,布尔戈斯(Burgos)主教座
堂的圣职团在城市的边缘地带建立了善堂。[2]

普通圣职人员出资建造的善堂,如 12 世纪剑桥附近的斯托地区
(Stow),当地的司铎在一块某位骑士捐赠的土地上建立了一所善堂。
12 世纪中叶,巴塞罗那主教座堂的一位名叫约翰·科伦(Joan Colom)
的圣职人员在遗嘱里要求建立一所善堂。又如波尔图(Porto)的主教
座堂教师马丁·曼德斯(Martim Mendes)建立了洛卡玛多善堂(Hos-
pital of Rocamador)。[3]

修道院也出资建造他们的善堂。例如 12 世纪初的诺维奇(Nor-
wich),当地主教座堂的修士们管理着两所善堂,一所用于救治麻风病

---

[1]　See James Brodman,*Charity and Religion in Medieval Europe*,Catholic University
of America Press,2009,p. 62.

[2]　Ibid. ,p. 64.

[3]　Ibid. ,p. 65.

人，另一所用于救济贫民。据统计，至 1150 年，英格兰已知的善堂中约 36％都是修道院出资建造，其中约克郡所有的善堂都是由修道院建造或管理。在意大利托斯卡纳边界的城镇圣塞伯克洛（San Sepolcro），当地圣约翰修道院的本笃会修士们管理着两所善堂，后来加默度会接管了圣约翰修道院，也接过了对善堂的管理。在伊比利亚半岛，11 世纪末圣母修道院（Santa Maria Mayor）的院长佩德罗（Pedro）在巴利亚多利德（Valladolid）建立了善堂。12 世纪，列日圣洛朗修道院（Saint-Laurent）的修士们运营着两所善堂。在安茹（Anjou），丰特伏罗修道院（Abbey of Fontevraut）为麻风病人和归化的妓女们建立了各自的善堂。图卢兹有五所本笃会、克吕尼会和熙笃会背景的善堂。阿尔勒和蒙彼利埃（Montpellier）各有一所熙笃会背景的善堂。13 世纪初，阿尔卑斯地区沙莱（Chalais）的本笃会修士监管着 13 所为朝圣者提供服务的善堂。[①]

　　除了教会背景的善堂外，中世纪盛期许多平信徒也出资修建了他们的善堂。例如 1285 年，银行家福尔科·迪·里克维罗·波提那里（Folco di Rivocero Portinari）在佛罗伦萨建立了新圣母善堂（Santa Maria Nuova），成为了这座城市最主要的善堂。在法国，11 世纪的阿基坦公爵夫人在普瓦捷（Poitiers）建立了一所善堂。1116 年，鲁西荣（Rousillion）的伯爵在佩皮尼昂（Perpignan）建立了圣约翰善堂（Hospital of St. John）。1150 年，康布雷（Cambrai）一位名叫威兰伯德（Werimbold）的钱庄老板建立了十字圣架善堂（Hospital of the Holy Cross）。1162 年，布拉班特（Brabant）的公爵戈德弗雷三世（Godfrey III）在布鲁塞尔（Brussels）建立了圣雅各伯善堂（Hospital of

①　See James Brodman,*Charity and Religion in Medieval Europe*,Catholic University of America Press,2009,pp. 66—68.

St. James）。法王路易九世（Louis Ⅸ）在巴黎建立了三百人院
（Quinze-Vingts），专门收治盲人，后又重建了蓬图瓦兹（Pontoise）和维
农（Vernon）两地的善堂。在伊比利亚半岛，阿拉贡国王詹姆斯一世
（James Ⅰ）在瓦伦西亚（Valencia）建立了圣文森善堂（Hospital of
St. Vincent）。[①]

　　这些善堂虽然是由平信徒建立，但并不意味着必然脱离教会的管
理。教会和这些机构仍然有着千丝万缕的关系。他们会请求主教给予
善堂一些特权，例如建立礼拜堂、搜集布施、授予出资人赦罪证明。此
外，部分平信徒出资建立的善堂最终交由了教会管理。其原因是多样
的。譬如，创立人为了在一个稳定永久的组织机构内（如修会）确保其
创立的善堂得以持续运营，这方面的例子有 1039 年米兰的一对名为阿
佐内（Azzone）和莱扎（Reiza）的夫妇将他们的善堂托付给了圣辛普利
齐亚诺修道院（San Simpliciano）。又如，教会长上会鉴于某些小善堂
在运作体制上的能力低弱而介入。如 1200 年后剑桥市民建立的圣史
若望善堂（Hospital of St. John the Evangelist），到了 1220 年，当时的
伊利主教尤斯塔斯（Bishop Eustace of Ely）就已经取得了对其堂长的
任命权，并掌管着堂内的捐赠。到了 1250 年，尤斯塔斯的继任者甚至
可以为该善堂的服务人员颁布规章制度。此外，善堂在经济上的困境
也可能导致教会的介入。如 1145 年意大利布罗洛（Brolo）的两所由平
信徒戈弗雷多·达·布塞罗（Goffredo da Bussero）出资建立的善堂，
一所用于照看病人，另一所用以救济贫民。但由于捐赠的缺乏以及战
争、饥荒所迫，两所善堂都面临着倒闭的境遇，这使得米兰总主教奥贝
托（Oberto）于 1161 年接管了两所善堂，合二为一，并为其中的服务人

---

　　① See James Brodman, *Charity and Religion in Medieval Europe*, Catholic University
of America Press, 2009, pp. 68—70.

员定下规章制度。除此以外,有些虔诚的平信徒在建立善堂后,也过起了修道的生活。例如,两位平信徒于 12 世纪中叶在布鲁塞尔建立了圣彼得善堂(Hospital of St. Peter),他们雇用了四位妇女组成了一个小团体,严格按照圣奥古斯丁会的会规生活。①

(二)教会法对善堂的规范

教会对善堂大范围监管可追溯到 12 世纪早期,由当时的一些主教推动。例如沙特尔主教伊夫(Yves de Chartres),他在 1115 年左右曾为善堂制定过一些规章,在卢瓦河谷和英格兰的不少善堂都遵循这一规章。但总的来说,12 世纪教会对于善堂的监管并未予以多少关注。1123 年第一次拉特朗大公会议上仅仅对于一些伪造钱币迫害贫民和袭击抢劫朝圣者的行为作了谴责。1139 年第二次拉特朗大公会议也仅仅关注了某些善堂在运作中与外来人发生的纠纷所导致的丑闻。到了 1179 年,第三次拉特朗大公会议由于麻风病人的一些问题,才开始更多地关注善堂的问题。麻风病人因为疾病的缘故无法和健康的人同处一室参加弥撒,因此会议允许麻风病人的团体建立自己的教堂和墓地,以及拥有自己的圣职人员。②

13 世纪初,善堂的问题仍然主要是在一些地方主教会议场合中进行处理。例如 1213—1215 年期间,为了预备第四次拉特朗大公会议,在法兰西共举行了六次主教会议。这六次会议由宗座使节、枢机库森的罗伯特(Robert of Courçon)召集。库森的罗伯特据称非常关注贫民的利益,并且坚定主张在灾难时期教会有义务照顾贫民。六次会议中,

---

　① See James Brodman,*Charity and Religion in Medieval Europe*,Catholic University of America Press,2009,pp. 71—77.

　② Ibid.,pp. 77—78.

1213 年在巴黎和 1214 年在鲁昂举行的两次会议,主张教会对所有善堂实行广泛的监管,尤其要监督善堂的日常管理。库森的罗伯特在会议上主张,在善堂中服务的人员应该按照教会人员的标准对待,并且要遵守修会的规章。此外,与会主教还关注善堂济贫资金被滥用的问题。主教们的解决方式是,规定在善堂内服务的人员甚至已婚夫妻都要遵守修道生活的纪律,如弃绝个人财产、发誓节欲、服从长上、穿戴修道服饰等。然而这几次会议的决议影响有限。1215 年第四次拉特朗大公会议中,仅仅在有关买卖圣髑的决议中,劝诫信徒向物资不充足的善堂布施,此外搜集布施的人员必须要由教宗或地方主教授权。但这次大公会议并没有采纳善堂服务人员要过修道生活的主张。①

　　在第四次拉特朗大公会议后,有关善堂的议题在很长一段时间里不见于教会的会议中。例如 1245 年第一次里昂会议(First Council of Lyon)上仅仅在指控皇帝腓特烈二世(Frederick II)多项罪行时,间接地提到了他在建造教堂、修道院、善堂之事上的失职。第二次里昂会议(Second Council of Lyon)也仅仅关注了要用于救济贫民的修会资产受到剥削的问题。总的来说,在 14 世纪以前,教会缺乏对于善堂监管的专门而普遍适用的法律。缺少法律的问题在进入 14 世纪后发生了转变。

　　1311 年,维埃纳会议重新关注了 1213 年巴黎会议和 1215 年鲁昂会议有关善堂的主题,并且在态度上更为重视。这次会议不仅关注了善堂运营中所发生的各类不法行为,再次谴责了那些滥用济贫物资的情况,并且为善堂的管理运营提供了一套标准。最终以决议的形式颁布。这条决议首先谴责了两种普遍的情况,一是善堂堂长疏忽职守,纵

---

　　① See James Brodman,*Charity and Religion in Medieval Europe*,Catholic University of America Press,2009,p. 79.

容他人篡夺自己的权利与善堂的财产,二是善堂堂长私自挪用收益,并且导致了善堂原本用于济贫目的的资金遭到了滥用。因此教会的立法者通过这条教规强调,为了迫使那些善堂的负责人接纳贫民,并用善堂的物资与收益救济他们,可以授予教长以职权,介入其管辖范围内的善堂的事务,甚至那些享有某些豁免特权的善堂也包括在内。此外为了防止善堂收益被挪作他用的情况发生,该决议绝对禁止将善堂堂长一职作为纯粹的禄位给予圣职人员。相反,堂长一职必须交由合适的人选。该决议对候选人的任职资格作了较为概括性的要求。此外,愿意保护善堂权益和资产、将收益布施给贫民的平信徒,也可以担任这一职位。堂长必须采用宣誓的方式,正直地管理交由他使用的财产,并且未来每年都要向主教呈递一份善堂的管理记录。不过该决议的末尾也规定了不适用本法的三种例外情形——拥有自己会规和管理的军事修会、隐修会以及拥有古老惯例的善堂。①

维埃纳会议的决议以《时常发生这种情况》(Quia Contingit)为题,被收入在《克莱孟书》中。这些决议意味着,不仅平信徒可以担任善堂堂长,也意味着善堂堂长不得在使用捐赠时偏离创建人的初衷。善堂所有的物资都要用于慈善目的,不得挪作他用。

该决议的颁布在善堂的实践中的确起到了一定的作用。以 14 世纪的剑桥圣史若望善堂为例,在决议颁布后,该堂所属的伊利教区的主教们都遵照决议的精神,先后为圣史若望善堂颁布了一些新的规章。如主教霍瑟姆(Bishop Hotham of Ely)就选举圣史若望善堂堂长的程序颁布了规章。而主教蒙塔丘特(Bishop Montacute of Ely)则颁布规章,就堂长和其他管理者的经济贸易活动规定了若干掌控手段,如每两年要呈递一次账本,资金被置于加了两把大锁的箱中,两把钥匙分别由

---

① 决议全文参见附录二。

堂长和一位修士保管。直至善堂解散的当年,伊利主教仍旧心系堂长是否忠于职守。在最后一位堂长威廉·汤姆林(William Thomlyn)上任时,主教阿尔科克(Bishop Alcock of Ely)颁布了一些训谕,劝诫汤姆林亲自举行圣事,监督善堂俗务与教务的管理,确保规章有效实行,并过守贞的生活。①

更引人注目的是该决议在中世纪司法实践中的适用。以温彻斯特教区内十字圣架善堂(St. Cross Hospital,Winchester)在 1367—1374 年期间发生的一桩纠纷为例,在这七年中,十字圣架善堂先后有四位堂长上任。第一人是总执事艾丁顿(Archdeacon Edyndone)。此人据称私自转移了善堂内的全部存货,包括牲畜、谷物、货物、器物在内的一切动产。就在他的叔父温彻斯特主教艾丁顿(Bishop Edyndone of Winchester)去世之前,总执事艾丁顿把堂长一职交由了名为斯托维尔(Stowell)者。斯托维尔很快就发现了堂长一职毫无价值可言,又将职位交由了名为林特斯福德(Lyntesforde)者。后者又于 1370 年 8 月将职位交由了名为克罗恩(Cloune)者。善堂库存被转移一空的事实东窗事发后,主教派遣专人前来调查,但此四人互相推诿责任。此事最终闹至罗马教廷。教宗任命伦敦教区主教西门(Bishop Simon of London)负责此案。西门则委派法官托马斯·德·贝克顿(Thomas de Baketon)审理此案。贝克顿最终以《时常发生这种情况》为法律依据,判决克罗恩每年制作库存清单与财务账本上交教区,同时,把善堂作为教会禄位交易的文书则被宣判无效。②

1311 年维埃纳会议后,教会法学家对于善堂的探讨开始变得热

---

① See K. L. Wood-Legh,*Studies in Church Life in England under Edward III*,Cambridge University Press,1934,p. 171.

② See William Of Wykeham,*Wykeham's Register Vol. 2*,Simpkin &. Company Limited,1899,pp. 28—53.

烈。约翰·安德烈在他的《〈克莱孟书〉标准注疏》中评注道：

> 善堂可以在没有主教的许可下建立。任何人都能够将其屋舍
> 或是屋舍的某部分用作救济贫民的善堂。[①]

约翰的评注看似是为此前混乱的善堂设立资质问题提供了最好的解释。[②] 但是在《〈克莱孟书〉标准注疏》中的他处，约翰似乎有不同的论调。譬如他在针对《克莱孟书》第 18 卷第 25 题第 12 条教规的评注中，根据善堂的不同运作方式，将其分为两类。那些提供肉体上的救济的善堂，被称为"普通善堂"（hospitalis simplex）或者"私人地点"（locus privatus），而那些内部举行弥撒、听取告解、举行葬仪的善堂则称为"宗教地点"（locus religiosus）。约翰在评注中写道，普通善堂可以不经主教许可而建立。[③] 这是否意味着，如果建立后一种善堂，就必须获得主教的许可呢？15 世纪初的教会法学家托尔克马达的约翰（Johannes de Turrecremata）给出了他的解释，普通的善堂可以不经主教许可而设立，但是若内部含有教堂或者祈祷室的善堂则不允许如此，必须经由主教许可。[④]

教会法学家还关注善堂的一些特权问题。图德斯基的尼可洛认为，善堂应该享有和教堂一样的豁免与特权，例如举行葬仪的权利、免

---

① Johannes Andreae, Gl. Ord. ad Clemen. 3. 11. 2: hospitalis domus potest edificari sine licentia episcopi, quilibet domum suam vel partem domus suae ad hospitalitatem pauperum disponere posset.

② 在 13 世纪，如尼姆（Nimes）的主教雷蒙·阿莫里（Raimond Amaury）曾经禁止在没有主教许可的情况下设立善堂，See p. 69.

③ Johannes Andreae, Gl. Ord. ad Clemen. 18. 25. 12.

④ Johannes de Turrecremata, Repertorium super toto Decreto III: Hospitalia bene licet aedificare sine licentia episcopi, sed ecclesia vel oratoria non, quoted from Miri Rubin, *Charity and Community in Medieval Cambridge*, Cambridge University Press, 1987, p. 104.

于征收什一税的权利、免于某些世俗苛捐杂税的权利、庇护权、捐赠的不可转让等。①

四、小结

中世纪盛期的天主教会出现了以堂区、修道院和善堂为核心的济贫机构。其中堂区的前身是教区,其首要负责人乃是主教,负有"好客"的职责。但随着人口的数量增多,教会的基本单元从以主教座堂为核心的教区转变为了以普通教堂为核心的堂区,而教区作为济贫机构的功能也渐渐由堂区所取代。教会法学家们通过论证这一历史进程的合理性,将古老的教会权威中所规定由教区承担的济贫义务,转而嫁接到堂区之上。

堂区和修道院在进行济贫的活动中,由于堂区占用的缘故,容易造成堂区收益的滥用,这也会间接导致原本用于济贫的资金无法得到妥善使用。因此教会的立法者针对这一问题,进行了相关的立法,对占用这一问题进行了重重限制。

此外,教会法对于善堂的关注起步较晚。早期西欧社会的善堂,常常由各地教区进行规范。教会大规模的统一立法规范直至 14 世纪才开始。1311 年维埃纳会议上通过的决议,为善堂的运行厘定了基础性规则。

中世纪盛期的主教虽然不再直接处分其教区内的一切收益,但他仍然有着广泛的权力,可以纠正在管理使用收益时发生的滥用问题。他可以通过巡视堂区、修道院,监督个人慈善捐赠的使用情况,审慎地衡量是否要允许占用堂区,以确保教区内收益的使用遵循教会法的规定。

---

① Panormitanus,Commentaria ad X. 3. 36. 4.

　　在讨论教会法学家有关教会济贫机构理论的时候,必须谨记一点,即虽然中世纪教会的确向公众提供救济贫民的服务,但教会本身并不是一个纯粹的济贫组织,甚至济贫也非其首要任务。教会除了救济贫民,在其他许多场合下也需要使用其收益。主教有责任确保其教区的收益用于公共福祉的事业上。对于中世纪的人来说,修士们向天主的祈祷对公共福祉来说也是极为有益的。因此,主教将堂区冗余的收益用于供养修道院,也并非名不正言不顺。此外,教会还需要行政人员、司法人员、学者等,以维持其正常运作。养活这些人,也是一笔很大的支出。如果将堂区冗余的收益用于这些人身上,也并非一定就算得上是滥用的行为。因此,主教若要周到考虑这些事宜,就必须拥有一些灵活性的手段。14 世纪的教会法学家亨利·波伊克在讨论这种灵活性时,就举了一个救济贫民和维持公共福祉两难的例子。当一位主教拿用于济贫的捐赠修缮教区的教堂时,是否合法？亨利认为,主教拥有救济贫民、维修教堂、供养下属的职责,且这些职责都是均等的。此外,教堂的维修对贫民来说也是有利的,因为布施物总是在教堂里搜集。如果教堂建筑物的状况实在糟糕,致使信徒无法在堂内举行宗教仪式时,只要贫民不会因此遭受严重的伤害,主教就可以将济贫的收益用于圣堂的维修。否则,若贫民可能会因此遭殃,主教就不可以这么做。① 由此可见,这种灵活性意味着,主教必须先考虑贫民,在权衡一切因素后,做出最符合公共福祉的决定。

---

　　① 　Henricus Bohic,Distinctione ad X. 5. 9. 15.

第五章 教会济贫法在中世纪 后期的式微与回响

　　笔者在前几章中,已经探讨了中世纪教会济贫法中的贫穷观、财产权、慈善、济贫机构等问题。教会的济贫法即使称不上完善全面,依然有其独到之处。然而,为什么到了 14 世纪中叶后,教会的济贫法却逐渐走向了衰弱? 此外,就在同一时期,民族国家在济贫方面的立法却正如火如荼地展开。这令人不禁要问,新的国家济贫法和旧的教会济贫法之间有什么样的联系?

　　对于第一个问题,笔者认为,造成中世纪教会济贫法式微的原因主要有西欧社会劳动力的流失和贫困的加剧、教会地位的日益下降、教会法学家的固步自封以及教会济贫实践的每况愈下。其中,西欧社会劳动力的流失和贫困的加剧是由 14 世纪中叶前人口膨胀,以及 14 世纪中叶后黑死病的爆发、农民暴动、庄园制度的衰退所造成的;教会地位的日益下降是因其在与世俗政权斗争中的落败以及各种反对势力的兴起所造成的;教会济贫实践的每况愈下是由堂区、修道院、善堂三类济贫机构的衰败所体现。

一、中世纪教会济贫法式微的原因

（一）劳动力的流失和贫困的加剧

1. 14 世纪中叶前的人口膨胀与贫困

在 1000—1300 年间，西欧人口增加率大约是 2.5 倍。例如英格兰的人口从 200 万增加至 500 万，法兰西的人口从 600 万增加至 1400 万，日耳曼的人口从 400 万增加至 1100 万，意大利的情况也接近。根据当时的生产技术和土地开垦情况来看，1300 年欧洲的人口显然已经达到了极限。农村里的人口增长速度迅速，城市的人口则勉强持平，通过周边乡村的移民来保持或增加人口数量。农村人口不断移入城市。例如，日耳曼北部的吕贝克本来有居民 10000—15000 人，但由于人口不断涌入的关系，每年新增加约 180 个家庭。虽然人口增加了，劳动力却无法得到合理的分配。14 世纪的欧洲人对来自农村的赤贫流民的抱怨不断增加。1330 年，意大利的一位编年史学家记录下佛罗伦萨有约 17000 名贫民。而英格兰东部的一个小村庄布劳顿（Broughton）在 1228 年至 1340 年间损失了 18％的人口，这种流失大都是由人口流动造成的。根据英国的庄园记录，到 13 世纪末，大约 50％的英格兰农民拥有 10 英亩或更少的土地，其中超过三分之一的人只能拥有 2 英亩甚至更少的土地。而在当时要维持一个标准家庭温饱的最低标准，需要 10 至 15 英亩土地。这几个数字表明，至 14 世纪初，人口的增长已经达到了极限。而有迹象显示，土地的产量在明显下降，一些太贫瘠、无出产的土地被荒弃。[①] 人口不断增多，生计却在减小，这势必就会有很大一部

---

① See Brian Tierney and Sidney Painter, *Western Europe in the Middle Ages*, 300—1475, *6th ed.*, McGraw-Hill Humanities, 1998, pp. 467—468.

分人无所事事,生活无着。

2. 黑死病

中世纪黑死病的爆发和流行,迅速给欧洲社会造成了深远的影响——或者说打击。黑死病,即淋巴腺鼠疫,主要是一种啮齿动物的疾病,由寄生在受感染的老鼠身上的跳蚤传播给人类。这种疾病本身并不一定致命,但它对缺乏营养、身体虚弱的人而言具有毁灭性的打击,而如前所述,14 世纪的贫穷却恰恰是一个普遍的问题。

通往东方的商旅从克里米亚把这种疾病带到了君士坦丁堡,然后到热那亚、西西里和威尼斯。1347 年,意大利全境遭受黑死病的肆虐。同年年底,黑死病传播到法兰西在地中海的港口马赛,很快又波及阿维尼翁,几周内教宗的枢机团近半数成员罹难。1348 年,黑死病席卷法兰西,同年秋天又传播到英格兰。1349 年,黑死病在不列颠群岛大爆发。1350 年,黑死病又传遍北欧,并传播到俄罗斯。①

死亡人数是灾难性的。中世纪的报告说,被感染的城市有一半的市民死于该病,欧洲的总人口减少了近三分之一。在黑死病大爆发后,该病仍然在欧洲的局部地区流行了几个世纪。在首次爆发后的 50 年内,欧洲又发生了几次重大的传染病。到了 1400 年,欧洲人口比黑死病爆发前减少了三分之一至二分之一,一直到 15 世纪前半叶,人口数才停止下降。但是直到 17 世纪欧洲人口密度才恢复到 13 世纪的水平。②

整个教会在黑死病的流行中也遭受了重创,失去了大量圣职人员,而要补充这些空缺绝非易事,教会只好降低标准招收圣职人员。而黑死病的爆发也造成了许多非理性的事件。如当时的人们普遍流传着某

---

① See Brian Tierney and Sidney Painter,*Western Europe in the Middle Ages*,300—1475,*6th ed.*,McGraw-Hill Humanities,1998,p. 471.

② Ibid. ,p. 472.

种信念,认为黑死病是由于投毒的行为造成的。欧洲社会中不受欢迎的人和团体成为了怀疑对象,被认为故意在水源中投毒,蓄意散播瘟疫。大部分怀疑集中在犹太人身上,他们成了这种非理性事件的牺牲品。当 1348 年黑死病在日耳曼流行时,当地的城市里发生了耸人听闻的屠杀犹太人事件。教宗克莱孟六世(Pope Clement VI)谴责这种行为,指出犹太人与其他人一样深受瘟疫之苦,他们不该为此事负责。但这也未能阻止 1349 年进一步发生的大屠杀。①

3. 农民暴动与庄园制度的衰退

14 世纪欧洲的农民暴动显然是和当时黑死病的传播以及英法百年战争所引起的压力有关。农民暴动并未发生在最穷困的时期,因为暴动需要一定的物质条件。14 世纪的暴动大多发生在黑死病之后的年代。黑死病在农村里造成的最主要的影响是劳动力的严重缺乏以及土地的增多。许多家庭因为瘟疫而死亡,留下的土地无人耕种。领主更严厉地要求隶农服繁重的劳役,农民则似乎认为他们的生活会变得更好,企图要求更高的报酬。但当时一些国家颁布了法律,将工人的工资标准固定了下来,如英格兰 1351 年的《劳工法规》(Statute of Laborers),任何人想要获得更高的报酬,必然会遭到制裁。因为政府或领主打压性的法律而使农民向往美好生活的希望落空,欧洲发生了激烈的农民暴动,比较著名的有 1358 年发生在法兰西雅克雷(Jacquerie)的暴动,以及 1381 年发生在英格兰埃塞克斯郡(Essex)的农民暴动。②

发生在 14 世纪的农民暴动,没有一次成功。但是,耕地上持续性的农民劳动力减少却达到了暴动所没有达成的效果——庄园制度的衰

---

①　See Brian Tierney and Sidney Painter,*Western Europe in the Middle Ages*,300—1475,*6th ed.*,McGraw-Hill Humanities,1998,pp. 472—473.

②　Ibid.,pp. 539—541.

退。面对无人耕种的耕地和腐烂谷物，领主们意识到，强迫极不情愿的农民在土地上服很重的劳役是没有效率的，而将他们的土地租给某些稳定的农民以收取租金，以及承认隶农的人身自由则更为方便。于是，领主们不是将自己的土地出租给农民，就是雇佣劳工耕种。到了 15 世纪末，庄园制度在西欧的大部分地区逐渐消失。但这种变化并不是在任何情况下都对农民有利，那些拥有土地的农民或许能从中获得利益，但是曾经遭受瘟疫变故、失去劳动能力的农民则容易陷入更加糟糕的境地。同样，老人或许能按照传统的封建继承获得一份保障，但随着庄园制度退出历史的舞台，他们的这份保障也可能落空。①

4. 小结

从 13 世纪开始，欧洲的人口经历了一个从饱和到骤降的过程，黑死病并没有缓解人口增加所带来的压力，相反，却持续并加剧了贫穷的问题。移民的人数之多前所未有，他们徘徊在城市和村庄中，只为寻求改善生活条件的方法，街头上到处都是无业流民。此外，英法百年战争的爆发以及各地的农民暴动，又继续增加了流民的数量。这种问题一直持续到了 15 世纪末，圈地运动的发生又再次加剧了失业流民的问题。这些都是中世纪末期，教会在济贫活动中所要面临的重大压力和危机。

（二）教会地位的衰落

13 世纪，中世纪教会的势力达到了巅峰。教宗在与霍亨施陶芬皇帝们的斗争中获胜，似乎一度有一种实现了将欧洲缔造成由统一于教宗领导之下的天主教共同体的幻觉。但是从 14 世纪后，整个教会遭到

---

① See Brian Tierney and Sidney Painter, *Western Europe in the Middle Ages*, 300—1475, 6th ed., McGraw-Hill Humanities, 1998, p. 547.

了日益严厉的打击。

1. 教会与国家的冲突

日益增强的世俗王权与正在削弱的教宗的影响力从 1296 年起国家与教会的一连串冲突中突显出来。在先前的冲突中，教宗或是以胜利者的姿态出现，或是至少达到体面的妥协。但是 13 世纪末，教宗第一次在世俗君主手下遭到挫败。

1285 年，法兰西国王腓力三世（Philip III）和教宗玛尔定四世（Pope Martin IV）先后去世。年轻的腓力四世（Philip IV）继承了其父的王位，他可能对曾经鼓励十字军远征的教会有极大的不满。腓力四世是一个生活正派、保守虔诚的人，但他冷酷精明，一心想要扩大王权。他先后同教宗霍诺留四世（Pope Honorius IV）和尼古拉四世（Pope Nicholas IV）发生过争吵，但没有发生严重的危机。1294 年，枢机团将一位隐居在那不勒斯王国深山中的修士推举上了教宗的宝座，是为塞莱斯廷五世（Pope Celestine V）。但这位向往圣徒生活的教宗很快就在一年之内逊位。取代塞莱斯廷五世的是教宗卜尼法斯八世（Pope Boniface VIII）。卜尼法斯八世出身贵族，是个能干的管理者，也是一位博学的教会法学家。但他性格严厉暴躁，想用武力来推行自己的观点，同时他又屡屡任人唯亲。他的行为和表达方式招致很多人对他反感和怀有敌意。同时，在一个已经不同于 11 世纪的时代，卜尼法斯八世仍然在以格里高利七世的姿态要求对全世界的领导权。卜尼法斯八世在即位后不久，就与法兰西发生了冲突。当时正值英法战争时期，教宗想在双方之间充当调停人的角色，因为他想利用两个国家的精英来组织新的十字军运动。但两个国家都拒绝了他的要求，并且都因战争的缘故要向圣职人员收税。卜尼法斯于 1296 年发布诏书禁止圣职人员向平信徒纳税，但两个国家都没有听从教宗的意思，腓力四世甚至采取了一些反对教宗的措施。卜尼法斯最后为了缓和和法兰西的关系收回了禁令。但在五年后,教宗又与腓力四世为了主教在世俗法庭受审的缘故,再次发生冲突。在这次冲突中,卜尼法斯八世发布了一封相当著名的诏书《唯一至圣》(Unam sanctam),这封诏书重新强调了教宗的首席权,表达了想要扩大教宗的权力到世俗事务的范围之上。腓力四世受到很大的刺激,从此后他更积极地策划推翻教宗的活动。终于在1303 年 9 月 7 日,身患疾病的卜尼法斯八世在阿纳尼(Anagni)的夏宫里遭到了以法兰西宰相诺加雷(Wilhelmus de Nogaret)为首的雇佣兵的攻击,并遭到了逮捕。虽然教宗最终得到了解救,但他遭受了沉重的打击,几天后就去世了。这对罗马宗座来说是难以弥补的创伤。[①]

1305 年,枢机团中的亲法派成功推举了一位法兰西主教担任教宗,取名克莱孟五世(Pope Clement V)。克莱孟五世在里昂就职,并将居所固定在法兰西南部的阿维尼翁,于是教会开始了长达 70 余年的阿维尼翁之囚。这种改变的后果很严重,以罗马为中心的意大利的教会国陷入严重的混乱之中,教宗自己在某种意义上沦为法兰西的政治工具,这一点损害了教宗在基督教世界中的权威性。克莱孟五世的政治立场太软弱,他在很大程度上向不顾一切的腓力四世让步,譬如宣称针对卜尼法斯八世的行动是正义的,以及放任腓力四世对圣殿骑士团的压迫。[②] 令人惊讶的是,教会在经历了那么多失败和屈辱之后,克莱孟五世的继承人,教宗若望二十二世又投入到教会与国家的冲突之中,这次是日耳曼的皇帝路易(Ludovicus),他与哈布斯堡的鲁道夫(Rudolph of Hapsburg)就皇位继承发生了争执。若望二十二世对于在这场争端中没有被视作最高法官来予以评判感到很不愉快,他单方面宣布皇位

---

① 参见〔德〕毕尔麦尔等编著:《中世纪教会史》,雷立柏译,宗教文化出版社 2010 年版,第 298—303 页。

② 同上书,第 304—308 页。

空缺。但日耳曼人显然无视教宗的禁令,选帝侯们发表了一项声明,指出皇帝的威严来自天主而非教宗,选举皇帝的活动不需要教宗的同意或批准①。教会又一次遭受了挫败。

2. 宗教改革与新教济贫理论

14 世纪教会纪律的衰退、阿维尼翁之囚造成的教会大分裂以及缺乏一种自省的改革,都有利于大规模异端运动的形成。这些运动的发起人可以看作是宗教改革的先驱,因为他们的一些理论和 16 世纪的宗教改革者有相同的看法。其中最著名的是英国人约翰·威克里夫(John Wycliffe)。威克里夫本是牛津大学一名很有威望的神哲学教师,他在 1376 年起公开传播一些极端的思想,反对教会拥有财产,要求国家没收这些财产。在 1378 年教会大分裂开始后,他又攻击教宗乌尔班六世(Pope Urban VI)与对立教宗克莱孟七世(Anti-pope Clement VII)。他公开反对教会的圣统制,认为教会是被预定者组成的无形团体,否认教宗和主教的绝罚。根据他的主张,基督才是真正的教宗,每一个被召选的人在天主面前都是一个真正的司祭。在一些晚期的著作中,他甚至称宗座为反基督的机构。威克里夫放弃教会的传统,并认为唯独《圣经》是信仰的唯一基础和标准。这种革命性的观点带来很多刺激,甚至可能成为导致 1381 年英格兰农民暴动的因素之一。②

在波西米亚地区,也出现了异端运动,其发起人是扬·胡斯(Jan Hus)。胡斯出身平民,是一名圣职人员。他在早期生涯中就接触到了威克里夫的教导并且在一定程度上接受了他的观点。胡斯猛烈抨击教会的缺陷和圣职人员的罪行,他认为如果教会长上违背基督的法律,他

---

① See Brian Tierney and Sidney Painter, *Western Europe in the Middle Ages*, 300—1475, 6th ed., McGraw-Hill Humanities, 1998, p. 485.

② 参见〔德〕毕尔麦尔等编著:《中世纪教会史》,雷立柏译,宗教文化出版社 2010 年版,第 362—363 页。

们的权力就是非正义的,而任何人都应该抵抗他们的命令。他同意威克里夫有关教会财产的观点,以及将《圣经》作为寻找基督信仰真理的标准的主张。①

虽然威克里夫和胡斯所发起的运动最终都遭到了教会的镇压,但他们质疑教会权威、要求国家监管教会的主张所激起的热议和支持,无疑给予了当时在与国家斗争中遭遇下风的教会又一重击。而在他们之后的一个多世纪,又爆发以马丁·路德(Martin Luther)为代表的宗教改革运动,产生了得以与旧教分庭抗礼的新教。宗教改革运动也在济贫方面带来了新的思潮。要求由世俗政府制定系统的法律规范济贫活动;不再是出于实践天主教仁爱思想的悲悯之情,而是为了公共利益而不得不为的民政手段。这些思想都和中世纪传统的教会济贫法思想截然不同。

马丁·路德本人便多次呼吁对济贫进行改革,他对贫穷有一些近乎激进的认识,集中体现在 1523 年莱斯尼希(Leisnig)的济贫法令中。路德不但为它作序,而且提出了具体的建议,希望该法令成为其他城市济贫改革的范本。路德不视"自愿贫穷"为一种美德,物质层面上的贫穷与精神层面上的贫穷没有关系,前者更多的是一种社会存在,甚至是一种不幸,是天主惩罚人类的手段。他认为托钵修会和那些夸耀外在贫穷的人是魔鬼的追随者和奴仆,贫穷不值得选择和宣扬。在路德看来,乞讨应该被严加禁止,凡是壮年都应劳作,乞丐也必须在所属堂区范围内行乞,不得离开。路德的这些想法不仅很快在新教势力范围内的城市中得到响应,即使是在天主教会中亦产生了影响。天主教人文主义者如伊拉斯谟(Erasmus)便十分关注济贫这一问题,他认为乞讨

---

① See Brian Tierney and Sidney Painter, *Western Europe in the Middle Ages*, 300—1475, *6th ed.*, McGraw-Hill Humanities, 1998, p. 579.

是反社会的,可鄙且会危及公共秩序,因此必须采取有力的措施对其加以控制。但更为著名的是西班牙人文主义者胡安·路易斯·比维斯(Juan Louis Vives)。他于 1526 年发表了《论贫民的支持》(De Subventione Pauperum)一书中,为布鲁日(Bruges)的济贫改革提出了详细的规划,包括禁止乞讨、强制性的劳动、建立集中管理的救济金、为贫民子女开设学校,等等。比维斯质疑有什么比穷人声称他们将为富人打开天国大门更为傲慢的。贫民是那些处境悲惨而又可鄙的人,不受人尊重,甚至是社会不稳定的象征。城市中的贫民窟不仅是各种传染疾病的聚集之处,还是道德败坏的源头。极度的贫困可能会引发暴乱。比维斯还着重强调济贫活动的强制性色彩,以及世俗政府在其中扮演角色的重要性。他认为,基于公共福祉的缘故,世俗政府有责任确保贫民得到救济。他坚持官吏应该对贫困的情况进行准确的统计,巡视一切慈善机构,检查财务状况、受救济者的名单以及接受救济的事由,等等。①

　　显然,与教会法学家相比,这些宗教改革者或是人文主义者济贫思想的相异之处在若干方面都有不同程度的反映。但他们对贫穷迥异的认识——在后两者的眼里,贫穷是一种受到否定的可耻、可鄙的邪恶状态——却显得尤其针锋相对。并且,他们的思想在西欧的诸多城市中颇有市场。比维斯鼓吹的政策虽然未受到布鲁日当局的采纳,却在邻近的伊普雷(Ypres)生根开花。比起布鲁日,伊普雷的贫困情况更为糟糕,在短短的一百年里,人口从 10000 人左右降低到 6000 人左右,原先引以为傲的织布业也受到重创,工厂从数百家减少到几十家。伊普雷当局于 1522、1592 年先后颁布济贫法令,禁止乞讨,对贫民的救济成为市政业务,贫民悉数登记在册,向有劳动能力者提供就业,无劳动能

---

　　①　See Sidney and Beatrice Webb, *English Poor Law*, Part Ⅰ, Archon Books, 1963, pp. 31—37.

力者则由重组的济贫机构照料，当局选立四位主管负责济贫事务，并由当局支付工资。①

3. 小结

从13世纪晚期起，教会的中世纪盛期结束了。阿维尼翁之囚与教会的大分裂无疑从政治上给了教会以重创，教会的地位已经大不如前。而以威克里夫与胡斯为首的改革先驱，决心消除教会的不良风气，进行教会的重整，并传播他们的异端思想，这对当时的教会生存也造成了极大的威胁。在这种环境下，教会所主导的济贫活动，也岌岌可危。

（三）教会法学家的固步自封

如前所述，从14世纪开始，中世纪的欧洲社会不断涌现出各类问题，劳动力大量流失，底层群体的贫困程度不断加剧，而教会本身又面临了威胁，它的地位大不如前。面对这些问题，需要有新法律和理论来应对，但14世纪以后的教会法学家却止步于他们前辈的成果上，停滞不前，图德斯基的尼可洛、托尔克马达的约翰、圣吉米尼亚诺的多明我（Dominicus de Sancto Geminiano）、桑德乌斯的费里诺（Felinus de Sandeus）等都是中世纪晚期著名的教会法学家，但在济贫方面，他们未能有更多的创新之处，教会济贫法的发展陷入了瓶颈。

14世纪的教会法学家依然在孜孜不倦地钻研济贫中的财产和慈善问题。例如，托尔克马达的约翰对《格氏律》第1部分第86类别的评注，花了整整15页篇幅，但都是一些老生常谈，比起两个世纪前的同行，他的评注没有任何超越之处。

在面对14世纪起欧洲在经济上发生的变化，诸如庄园制度的衰退

---

① See Sidney and Beatrice Webb, *English Poor Law*, Part I, Archon Books, 1963, p. 39.

以及四处流散的劳动力,教会法学家竟没有给出任何有意义的回应。
图德斯基的尼可洛在其《〈格里高利九世手谕集〉评注》中谴责了贪婪的
罪恶,口吻也更加严厉。① 托尔克马达的约翰在他的《〈格氏律〉评注》
中强调了法庭不该拒绝贫民出庭作证,因为贫穷本身并非是一件可耻
的事。② 教会法学家们有些认为贫民比起富人更加容易受到物质的诱
惑,有些则认为,贫民比富人更容易得救,因为相较贫民他们所负担的
责任不那么艰巨,但教会法学家们的论证思路都是传统的。③ 如前所
述,两个世纪前的教会法学家认为,富人有义务将他们的"过剩之物"用
于救济贫民,并且可以迫使富人履行这一义务,而 14 世纪后的教会法
学家又纷纷再次强调了这一点。④ 教会法学家们依然醉心于探讨教会
对贫民的司法管辖问题,但他们使用的论据仍然是前一个世纪的。例
如,图德斯基的尼可洛在其《〈格里高利九世手谕集〉评注》中追随了教
宗英诺森四世"贫民无法伸张正义之时,教会就可介入"的观点;而托尔
克马达的约翰则附和帕尔玛的伯尔纳德的观点,认为贫民的案件仍然
主要并且首先由世俗法庭管辖,唯有当穷尽一切救济方式时,方可求助
于教会。⑤ 托尔克马达的约翰还详细地分类了贫穷的诉讼当事人在教
会法庭上可以主张的特权,但他的分类所基于的仍然是前代教会法学
家所确立的原则。⑥ 此外,14 世纪后的教会法学家继续主张,教会的禄

---

① Panormitanus,Commentaria ad X. 3. 5. 10.

② Johannes de Turrecremata,Repertorium ad C. 2,q. 1,c. 4,II.

③ See Brian Tierney,*Medieval Poor Law*:*A Sketch of Canonical Theory and Its Application in England*,University of California Press,1959,p. 117.

④ Panormitanus,Commentaria ad X. 2. 24. 8; Joannes de Turrecremata,Repertorium ad D. 47,c. 8,I; Dominicus de Sancto Geminiano,Commentaria ad D. 47,c. 8.

⑤ Panormitanus,Commentaria ad X. 1. 29. 38; Joannes de Turrecremata,Repertorium ad D. 87,c. 1,I.

⑥ Joannes de Turrecremata,Repertorium ad C. 11,q. 3,c. 72.

位附带有为贫民提供救济的义务。图德斯基的尼可洛坚定地主张,可以强制圣职人员履行好客的义务,因为在他看来,禄位主要是为了这一慈善的工作而设立。①

15 世纪时,城镇中到处充斥着贫穷的无业流民,面对这一日益严峻的问题以及是否应该有差别地救济这些人,教会法学家依然仅仅重申了他们前辈们的原则,没有任何新的创举。托尔克马达的约翰在针对《格氏律》第 1 部分第 42 类别第 2 条教规的评注中,简要地论及了体格健全的贫民这一当时的社会现象,他认为能够以双手自力更生的人不应该被归为贫民,如果他来寻求救济,就必须斥责他伪装的面目。②但约翰在针对《格氏律》第 1 部分第 86 类别第 1 条教规的评注中,却花了长篇大论探讨面对异教徒父亲和基督徒外方人时应该先救济谁的问题——一个早已被他的前辈们探讨过的案例。约翰在引用了乌古乔、赖孟多、塞古西奥的亨利等人的评注后,给出的解答仍然是和他的前辈们完全一致的——家庭责任优先原则。并且,约翰似乎觉得这样的阐述仍然意犹未尽,于是他在针对该第 14 条教规的评注中,又花了篇幅再次论述这个问题。图德斯基的尼可洛的确在他的评注中提到,若无明显的证据证明确有必要,公开的乞讨应受国法和教会法两者的谴责。这样的话看似和当前体格健全的无业流民问题相关,但尼可洛实则在评注中援引了条顿人约翰在《〈格氏律〉标准注疏》中的话,他写道,如果确无必要,并且这些人能够亲手找寻生计,却仍然依靠用于救济有需要

① Panormitanus,Commentaria ad X. 3. 17. 1. 不过图德斯基的尼可洛在针对《格里高利九世集》第 3 卷第 5 题第 12 条教规的评注中认为,救济贫民作为取得禄位的附带义务,要排在供养圣职人员和维修教堂之后。在满足了前两者之后如果还有剩余,才用于救济贫民,参见 Panormitanus,Commentaria ad X. 3. 5. 12. 不过他在针对《格里高利九世集》第 3 卷第 48 题第 4 条教规的评注中又表示,如果贫民处在濒临死亡的边缘,那么救助他的义务就先于其他一切义务。

② Johannes de Turrecremata,Repertorium ad D. 42,c. 2,I.

的贫民的物资,他们的这种状态就要受到世俗和宗教两种法律的谴责。尼可洛表达完观点后就匆匆结束了这个话题。①

　　14 世纪后的教会法学家们除了仍旧在他们前辈们的成果之上停滞不前外,对于一些急需解决的济贫实践问题,他们似乎也视而不见。例如,在城镇四处徘徊的无业流民人数众多,但教会法学家们几乎从来没有详细讨论过堂区的司铎面对本堂区的贫民和外方来的贫民时,应该如何合理分配物资的救济。仅有 14 世纪的英国教会法学家艾顿的约翰(John of Ayton)在他的论著中提及:"注意,堂区教堂的收益应用于贫穷的堂区居民,而非外方人……我相信这是真实的,除非外方人确有更为急迫的需求。"②在整个中世纪,教会的慈善活动始终是遵循家庭责任优先、基督徒优先等沿用许久的原则。此外,14、15 世纪的教会济贫真正需要的还有从法律上对体格健全的无业流民就业问题的学理分析。仅仅将乞讨者以有无劳动能力来分类对于解决这一问题来说,显然已经远远不够。体格健全的无业流民这样的归类显得简单而又粗暴,而正是这类人群,需要更加细化,他们中有真正的懒汉,有迫切想要寻得一份工作却徒劳而返的人,有不愿意再被束缚在土地上而进入城市寻求更好的生存环境的人,等等。每一类人又可以再细分出一堆问题。中世纪的教会法学家在进行注疏分析时,擅长使用分类和再分类

---

　　①　Panormitanus,Commentaria,VIII,76: Et circa hoc advertendum quod civilian iura et canonica expresse reprobant mendicitatem publicam sine evidenti causa necessitates,ut l. unica C. de mendi vali. lib. 2 et 93 list. c. diaconi § Nunc autem iuncta glossa et c. seq. Sed si nulla necessitas est,cum possent victum minibus quarere,et non tollere pauperum indigentium subsidia,ergo eorum status est ab utroque iure improbatus,quoted from Brian Tierney,*Medieval Poor Law: A Sketch of Canonical Theory and Its Application in England*,University of California Press,1959,p. 160.

　　②　John of Ayton ad Constitutiones Legatinae in Provinciale,quoted from Brian Tierney,*Medieval Poor Law: A Sketch of Canonical Theory and Its Application in England*,University of California Press,1959,p. 119.

的方法探讨问题的多种可能性,但是在这个问题上,他们却好似遗忘了这种方法。没有人想过分析体格健全的流民因为何种原因会丢失工作、陷入贫穷之中。相比之下,进入 16 世纪后,深受新教新的济贫思想影响的比维斯,却在这一方面领先于教会法学家。比维斯将贫民分为三类:(1)被善堂和救济院收容者;(2)无家可归的乞丐;(3)居留在自己家中、正直而知耻的贫民。比维斯建议严厉禁止乞讨,官吏应该对无家可归的乞丐进行生理检查,有劳动能力者应强迫其进行劳动,无劳动能力者则由善堂和救济院收容。对于已经被善堂和救济院收容者,应驱逐那些能够胜任劳动的人,而无法胜任者,比维斯提出了更为细致的划分,如病人应该接受强制治疗,盲人宜承担较轻松的活计,精神失常者应与他人隔离而居,儿童应接受有益于提高道德的教育。而那些居于家中的贫民,尽管他们迫切想工作,却无法获得充分的就业,则可以向他们提供小额的经济补助。①

　　对于这类新理论,天主教会本身却表现出极为抵触的态度。比维斯在 1527 年写给朋友的书信中称:"图尔奈教区的神父在穷人中诋毁我的这本册子(即《论贫民的支持》),他说那是异端和路德式的心跳。"数年之后,伊普雷的托钵僧修会也抨击世俗的济贫制度:"禁止索取救济……是可恶和恶毒的,它和被谴责的路德教条并无二致。"1531 年,索邦的神学家们认为伊普雷的济贫改革的出发点是"有益而虔敬的",不过他们警告地方官吏,不能阻止人们在公共场合乞讨和分发救济物资,世俗政权将教会收入挪作济贫费用的行为都"不仅不是好天主教徒的做法,还是不敬的异教徒的表现。"②

---

　　① See Sidney and Beatrice Webb, *English Poor Law*, Part Ⅰ, Archon Books, 1963, pp. 37—38.

　　② 参见〔美〕娜塔莉·泽蒙·戴维斯:《法国近代早期的社会与文化》,钟孜译,中国人民大学出版社 2011 年版,第 21 页。

（四）教会济贫实践的困顿

如果说，14 世纪以后的教会法学家在济贫法方面的停滞不前，是造成了中世纪晚期教会济贫法衰退和最终退出历史舞台的重要原因之一，那么中世纪教会在济贫实践中所涌现出的弊病，也是促成这一结局的另一重要因素。

1. 占用堂区对济贫活动的持续破坏

如前所述，保教人对堂区的占用使得用于济贫的收益极易被滥用。14 世纪以前，虽然在教会的立法者和教会法学家们的努力下，颁布了许多禁令。但直到中世纪结束，占用的问题仍然没有得到彻底解决。1317 年，教宗若望二十二世（Pope John XXII）颁布了诏书《恶行》（Execrabilis），诏书谴责了那些将堂区禄位拨给某些实际不管理堂区的挂名者的行为，禁止任何人同时拥有两份禄位。[①] 1366 年，教宗乌尔班五世（Pope Urban V）颁布诏令，规定没有教宗的批准，禁止再出现新的占用。美国学者弗格森（W. Ferguson）指出，实际上教宗往往轻易地就给出许可，导致该法形同虚设。弗格森认为，教宗这么做可能是为了增加财源之故，故他将这种行径斥责为"买卖圣职的系统化"（systematization of simony）。[②] 英国学者伍德利（K. L. Wood-Legh）描述了这封诏书对英格兰堂区占用的影响："诏书确实延迟了许多教堂被占用，但它究竟避免了多少教堂被占用仍然是存疑的。因为几乎就在诏书颁布的同时，教宗就开始受理请愿，允许某些特殊的占用，除了一般的禁令，这些请愿很少有遭到拒绝的。"[③]而到了 14 世纪晚期，情形变得愈发恶

---

① Extrav. Jo. XXII, 3. 1.

② See W. Ferguson, The Church in a Changing World, American Historical Review, 59 (1953), pp. 1—18.

③ See K. L. Wood-Legh, *Studies in Church Life in England under Edward III*, Cambridge University Press, 1934, pp. 133—134.

劣。虽然先前的教会法力图通过永久代牧的制度来消除占用的发生，但结果代牧自己却成为了占用的对象。①

　　2. 修道团体的衰落

　　中世纪晚期的教会生活在相当程度上处于一种衰退的状态，而各种修道团体也是一样。修道院的财富逐渐增多，种种天灾人祸都造成纪律的松懈、信仰教追求的消退以及教育的衰败。修道者不再愿意像他们的先人那样严格遵守修会的会规，他们甚至有一些在实践中取消会规效力的习惯、豁免和特权。尤其是教产的转让和地产的分配越来越普遍，修院院长和修道者们以一种固定收入的方式分配修院的财产。很多古老的本笃会修院，比如圣加伦修院（St. Gallen）、福尔达修院（Fulda）、赖兴瑙修院（Reichenau）、埃尔旺根修院（Ellwangen），本来有着灿烂的历史，但后来都逐一沦陷，称为贵族人士的"美好家园"，这些修院中的修道者享受着自由的生活，与世俗贵族无异。而那些年轻的托钵会修会，早在 13 世纪末就已经失去了原先的高水准，虽然修会会规严格禁止修道者拥有个人财产，但几乎形同虚设。这些修道团体和所在的修院，已经很少能妥善完成原先的济贫任务了。

　　而 16 世纪发生在英格兰的修道院解散事件，则更是给教会的济贫体系以沉重打击。解散修道院是 16 世纪英格兰宗教改革的重要部分，这一举措几乎是灾难性的，1536 年，300 多所修道院被关闭；1538 年，又有 500 多所修道院关闭。修道院的解散导致了修道院开设的善堂全数关闭（具体数据对比参见附录四），英格兰教会一半的济贫机构消失了，严重破坏了传统的教会济贫体系。修道院的解散将原本由修院所承担接济的贫民推向街头，同时，又导致产生了一批新的贫民。原来修

---

　　①　See Brian Tierney, *Medieval Poor Law: A Sketch of Canonical Theory and Its Application in England*, University of California Press, 1959, p. 159.

道院中的修士、修女被迫离开修院，他们虽然被拨给约一季度的补助金，但也于事无补，其后的日子还得为生计奔波，他们中无法适应社会生活的，只能加入流民的队伍。在解散修道院之前，修道院每年至少给予总数 11500 镑、平均每一教区 26 先令的济贫资金，但在解散之后，这笔资金也就没有了。①

3. 善堂的衰落

中世纪教会对于善堂的大规模监管起步较晚，在 1311 年维埃纳会议上出台了详备的法律之前，善堂的管理一直没有受到特别的重视，这方面最好的明证就是库森的罗伯特。他在法兰西境内举行的第四次拉特朗大公会议的预备会议上，与与会的主教们就善堂的监管问题达成了诸多决议，但在之后的第四次拉特朗大公会议上却未得到采纳。这意味着许多主教并不认为对善堂进行监管是一件严肃而急迫的事情。这或许有两种可能，一是善堂的运作中的确没有特别严重的侵犯事件，二是主教们更为关注的是自己的权力与利益，而忽视了对善堂一事上所要负担的责任。鉴于 1311 年维埃纳会议上所特别关注的善堂运营中发生的各种恶行，笔者认为，前一种推测是不成立的。

善堂在运营中所发生的恶行，其最典型的乃是将原本用于救济的捐赠物资挪作他用，背离了善堂设立的初衷。这方面的滥用来自两个源头，一是善堂的捐助人，二是善堂的管理人。

善堂设立之初，它的第一代捐助人通常是慷慨的，对善堂的事务也勤勉审慎。但是他们的后继人却并不能保持这份优点。他们之中有人往往对善堂的事务漠不关心，对于善堂管理人的甄选也往往仓促马虎。更有甚者，捐助人有时会将善堂用于充当他们和自己随从人员的旅舍。

---

① 参见张佳生:《十六世纪英国的贫困问题与民间济贫》，中国科学出版社 2012 年版，第 72—74 页。

例如,13 世纪英格兰布里奇沃特(Bridgwater)的圣约翰善堂堂规中就有这么一条:"我们极力禁止富人或有权势者,无论是圣职人员亦或平信徒,又或是捐助人选定的司铎和管理者,寄居或在善堂内接受招待。"①又如,英格兰国王爱德华一世(Edward I)曾强加于某些善堂供养王室年老的仆人,将王太后的一位仕女和男仆送入奥斯普林治(Ospringe)的善堂。爱德华一世指令的是一些王室出资设立的善堂,而他的长子爱德华二世(Edward II)走得更远,他要求伍斯特(Worcester)主教设立的善堂接纳王室的仆人。许多修院的善堂也是如此,西萨莫顿(West Somerton)本应用于救助麻风病人的善堂被设立人委托于巴特利修院(Butley Priory),但后来的修院院长却抽走了供给,并将善堂的收益由 60 马克减少至 10 马克。②

除了善堂的捐助人,善堂的管理者也多有不法行为。由于捐助人的懈怠,许多道德品质上存在问题的人被任命为善堂管理者。如 13 世纪末,一位名叫休(Hugh)的人被任命为斯坦福德(Stamford)的圣约翰和圣托马斯善堂(St. John and St. Thomas)堂长,在他的失职下,善堂的运用遭遇了困境,于是休本人于 1299 年辞去堂长一职。彼得伯勒修院院长将该善堂委托邻教区管理,直至善堂恢复了欣欣向荣的状态。但四个月后,休复归原职,并且变本加厉地出现渎职的行径。他向贫民隐瞒济贫物资,关闭原本用于接待外方人和病人的屋舍。新上任的彼得伯勒修院院长革去了休的堂长一职,但不久之后,休以在主教和执事长面前宣誓悔改一切错误的誓言,第三次恢复堂长一职。③

---

　　① See Rotha Mary Clay, *The Mediaeval Hospitals of England*, Methuen, 1909, p. 213.

　　② Ibid. ,pp. 212—215.

　　③ Ibid. ,pp. 217—218.

二、中世纪教会济贫法与国家济贫法

　　本节考察中世纪教会济贫法和世俗国家济贫法的关系。传统的观点倾向于在中世纪教会的济贫法与后世世俗国家的济贫法之间划下一道鸿沟,这种观点认为,正是教会的济贫法在实践中无法帮助济贫活动的有效开展,因此才逐渐为世俗国家的济贫法所取代。这种观点虽然在指出中世纪教会济贫法的弊端方面有一定可取之处,但如果认为国家济贫法是建立在某种全新的规则之上,是一个与前代全然割裂的新系统,则是站不住脚的。

　　事实上,中世纪教会的济贫法与国家济贫法之间有着明显的延续性,前者为后者的诞生与发展奠定了基础。本节主要以中英格兰中世纪济贫法为考察对象,因为英国是欧洲最早颁布成文济贫法的国家,它的济贫法历史可以追溯到 14 世纪的金雀花王朝。而教会法中济贫的元素在英国济贫法中的移植和延续也始于这个时代。

（一）欧陆国家济贫法的兴起

　　中世纪欧陆国家鲜有国家济贫的立法活动,相关的立法要到 16 世纪才起步。

　　在法兰西,国家济贫的立法始自国王弗朗西斯一世（Francis I）。弗朗西斯一世在位期间,关闭、合并了法兰西境内的许多小型善堂,并建立起了许多由国王直接控制的大型济贫机构。弗朗西斯一世推出这一措施的原因有三。首先,经过长期的饥荒、疾病流行、战争,需要救济的贫民数量剧增,而传统的救济机构已经无法应对这一局面。第二,许多救济机构因为腐败的问题,导致救济资金无法真正用于贫民。第三,随着中央集权的加剧,济贫的事务也被认为应该由国王的政府进行管

理。1519 年,弗朗西斯一世命令其私人专职司铎——法兰西大施赈吏
(Grand Aumônier of France)管理那些腐败滋生的救济活动。1536
年,弗朗西斯一世签署法令,禁止乞讨,规定所有四肢健全的贫民必须
工作。1543 年,弗朗西斯一世签署《枫丹白露敕令》(Edict of Fontaine-
bleau),规定官员可向大施赈吏和巴列门举报有不法行为的善堂,并用
世俗管理者取代那些腐败的教会管理者。1545 年,弗朗西斯一世签署
《圣日耳曼昂莱敕令》(Edict of Saint-Germain-en-Laye),进一步对除
善堂以外的其他慈善济贫机构进行世俗化。之后,法王查理九世
(Charles IX)于 1561 年颁布《奥尔良敕令》(Edict of Orleans),将所有
善堂的管理都纳入世俗政权之下。1566 年颁布的《穆兰敕令》(Edict
of Moulins)和 1579 年的《布鲁瓦敕令》(Edict of Blois)又再次重申了
救济的世俗化要求。[①]

在德意志地区,世俗政权的济贫立法活动主要集中在宗教改革的
地区。1522 年的《纽伦堡济贫法令》(Nuremburg's Poor Ordinance,
1522)要求将慈善机构的管理纳入独立的世俗政权之下,机构的开销从
公共资金中支出,并将慈善机构进行专门化区分,以避免服务功能的重
复。该法令还规定了对贫民进行审查以决定其实际需求和恰当的救
济,并视乞讨为公害。该法令未禁止私人的慈善机构,因此这些机构得
以继续独立运行。而除了公共资金,慈善机构仍然可以鼓动个人实施
捐赠。对贫民进行审查的任务不由天主教会的圣职人员进行,而由世
俗官吏承担。[②] 在《纽伦堡济贫法令》颁布后的第二年,莱斯尼希、基青

---

① See Susan E. Dinan, Motivations for charity in early modern France, in *The Refor-mation of Charity: The Secular and the Religious in Early Poor Relief*, Thomas Max Safley ed. , Bosten and Leiden: Brill Academic Publishers, Inc. , 2003, pp. 184—185.

② See Thomas Max Safley, Introduction, in Thomas Max Safley ed. , *The Reformation of Charity: The Secular and the Religious in Early Poor Relief*, Bosten and Leiden: Brill Academic Publishers, Inc. , 2003, p. 7.

根(Kitzingen)、雷根斯堡(Regensburg)等地也进行了济贫立法。①

在意大利地区,威尼斯共和国于 1529 年颁布了相关的法律,规定了城市卫生监督委员会(Provveditori alla Sanità)在济贫方面的职责,以应对饥荒以及随着大量流民涌入城邦所带来的疾病流行的潜在可能。此后,大量犯罪事件伴随乞讨现象产生,特别是盗窃和诈骗。而一些乞讨者随身携带武器,则导致他们沦落为劫匪。威尼斯共和国不得不进行更多的立法,保护正直的市民免受行乞者的骚扰,在城邦和共和国其他地区推行建立供养贫民的善堂,将救贫与社会控制的措施紧密结合。②

在卡斯蒂利亚,由于 1539 年的干旱以及随之而来的农作物歉收问题,查理五世皇帝(Emporer Charles V)于 1540 年颁布了相关法律,要求设立行乞许可制度,规定只有那些"值得救济的贫民"才能在出生或居住的城镇内行乞,但患病的贫民、学生或盲人,以及发生饥荒时则为例外。此外,该法律要求在每座城市内设立一名专员,监督法律的实施,并敦促教会和世俗当局确保城镇内的贫民得到充分的救济。作为回应,16 世纪 40 年代,萨莫拉(Zamora)、托莱多(Toledo)、萨拉曼卡(Salamanca)、巴亚多利德(Valladolid)等大城市也相继进行了济贫的立法活动。这些立法并不旨在消灭乞讨现象,而是给予乞丐们相关证明,以使他们在出生或居住的城镇内行乞。同时这些法律也旨在驱逐流民。1565 年,菲利普二世国王(Philip II)又颁布了新法。该法首先

---

① See Ole Peter Grell, The Protestant imperative of Christian care and neighbourly love, in Ole Peter Grell and Andrew Cunningham eds. , *Health Care and Poor Relief in Protestant Europe 1500—1700*, London and New York: Routledge, 2003, p. 46.

② See Richard Palmer, 'Ad una sancta perfecttione'; Health care and poor relief in the republic of Venice in the era of the counter-reformation, in Ole Peter Grell, Andrew Cunnigham and Jon Arrizabalaga eds. , *Health Care and Poor Relief in Counter-reformation Europe*, London and New York: Routledge, 1999, p. 85.

重申了行乞许可制度,其次,该法要求堂区司铎选立两位品行良善者,负责搜集堂区内贫民的情况,并颁布行乞资格证明。①

(二) 中世纪教会济贫法对英格兰中世纪济贫法的影响

1. 英格兰中世纪济贫法的历史

相比欧陆的济贫法,英格兰的济贫法起步早,立法的数量也更多,法律的内容也相对更为完善。而中世纪教会济贫法的历史影响,也最能从英格兰中世纪济贫法上得到体现。

自 1349 年《劳工条例》(Ordinance of Laborers)的颁布至 1948 年《国民救助法》(National Assistance Act 1948)的通过,英格兰的济贫法前后有 600 余年的历史。这漫长的六个多世纪通常被划分为三个阶段。第一个阶段从 1349 年《劳工条例》开始至 1601 年《伊丽莎白济贫法》颁布,称为中世纪济贫法时期(Medieval Poor Law);从 1601 年《伊丽莎白济贫法》开始至 1834 年《济贫法修正法》(Poor Law Amend-ment Act 1834)颁布,称为旧济贫法时期(Old Poor Law);从 1834 年《济贫法修正法》至 1948 年《国民救助法》出台,称为新济贫法时期(New Poor Law)。

1349 年 6 月 18 日国王爱德华三世签署颁布了《劳工条例》(后于 1350 年修订),标志着国家济贫法的开端。该条例旨在对 1348 年至 1350 年期间黑死病在英格兰境内大爆发进行回应,英格兰在此期间损失了近一半的人口。由于人口的急剧减少,导致英格兰的农业经济对劳动力的极大需求。劫后余生的农民要求更高的工资。地主们不得不

---

① See Jon Arrizabalaga, Poor relief in counter-reformation Castile: An overview, in Ole Peter Grell, Andrew Cunnigham and Jon Arrizabalaga eds. , *Health Care and Poor Relief in Counter-reformation Europe*, London and New York: Routledge, 1999, pp. 156—158.

面对是提高工资以招揽劳动力还是让他们的土地荒废的选择。工资的
上涨导致了物价的上升,而要求没有得到满足的农民,为了获得一份满
意的工作,徘徊流浪在城镇街头。为了应对这一系列问题,《劳工条例》
以及其后几年内颁布的其他几部成文法规定了有劳动能力的人必须工
作,规定了 60 岁以下的人都必须工作,禁止给予劳工超过黑死病爆发
前平均水平的工资,防止劳工为了寻求更高的收入而随意离弃他们的
岗位。

　　英国的经济学者罗伯特·帕什利(Robert Pashley)以 1531 年国王
亨利八世(Henry VIII of England)颁布的《惩治乞丐与流民法》(Stat-
ute Punishment of Beggars and Vagabonds 1531)为界限,将英格兰中
世纪济贫法划为两个阶段,前一个阶段的立法内容是完全只针对流民
的。① 1349 年《劳工条例》颁布后,自 1351 年开始,又先后通过了多项
法案,旨在控制贫民的流动,规定其必须工作,以及设立工资的最高标
准。1388 年国王理查二世(Richard II of England)颁布的《剑桥法》
(Statute of Cambridge 1388)更明确地禁止了劳工随意离开工作岗位。
到了都铎王朝时期,国王亨利七世(Henry VII of England)在位期间,
先后于 1495 年、1503 年至 1504 年期间,颁布和修订了包括《流民与乞
丐法》(Vagabonds and Beggars Act 1495)在内的两部法案,旨在制裁
流民、乞丐和其他懒散人员,迫使他们重返家园。1531 年亨利八世颁
布《惩治乞丐与流民法》,规定了如何惩治流民与乞丐,以及如何将其遣
送回出生地或居住地,并且还规定了如何管理被迫领取救济的老人、贫
民和无劳动能力者。该法首次区分了四肢健全却不愿劳动的懒散人员
和无劳动能力者之间的区别。1536 年颁布的法案规定了如何惩治流

————————
　　①　See Robert Pashley,*Pauperism and Poor Law*,Longman Brown Green and Long-
mans,1853,pp. 172—174.

民,以及每个城市、郡、镇的管理者对贫民的就业与慈善帮助。1547年,国王爱德华六世(Edward VI of England)颁布了一项非常严厉的法案,规定四肢健全却不愿意劳动的懒散人员在首次被捕后,他们的胸膛会被烙上"V"(意为 Vagrant)的记号,并劳役两年。女王伊丽莎白一世(Elizabeth I of England)统治期间,于 1572 年颁布的一项法案,除了规定对流民处以肉刑外,还规定了征收济贫税,以及对穷困家庭进行补助和安排工作。1597 年颁布的《救济贫民法》(Act for the Relief of the Poor 1597)详细规定了如何为贫民提供工作,规定为贫民建造房舍和筹集救济金。该法案意图贯彻执行对无劳动能力者和四肢健全的闲散人员的差别对待,并将救济贫民作为政府的一项重要职责。1601 年《伊丽莎白济贫法》的颁布,肯定了 1597 年的《救济贫民法》,也是对以往颁布的各种济贫法的总结和发展。

2. 英格兰中世纪济贫法中的教会法元素

1391 年,理查二世签署颁布了一项有关教会堂区占用的法案,这项法案中有一段文字涉及了对贫民救济的规定:

> 由于诸多损害与妨碍时有发生,并且由于堂区占用的原因,许多该堂区内的信众每天都受到这些妨害,我们同意并赞成……这些占用的教堂所在教区的主教应该根据该教堂的价值,要求它们每年缴纳一笔合适的钱款,并用于救济堂区内的贫民,以长久地帮助他们的生存与生计。①

这段文字体现了一种特殊的意图,即通过世俗政府的权威以确保业已存在的教会济贫系统的顺利运行。对中世纪晚期的英格兰社会来

---

① 15 Richard II,c. 6.

说,济贫活动的顺利开展对解决不断涌现的各种尖锐社会问题来说是
至关重要的。但英格兰议会显然无意放弃已经存在的教会济贫系统于
不顾,转而创建一个全新的系统。教会的济贫系统已经运作了数个世
纪,并且拥有一套详备的法律。世俗政府要做的,只是动用国家的公权
力以确保其为己所用,而这是在如下几个方面完成的。

(1)堂区理事的设立:中世纪后期英格兰教会堂区的济贫实践

如前所述,堂区是教会的主要济贫机构之一,从中世纪晚期到都铎
王朝,堂区始终在英格兰的济贫活动中扮演着重要角色。至 14 世纪
时,英格兰的教会中出现了一种由平信徒担任的职务——堂区理事
(churchwarden)。最初,堂区理事的职责是协助修建教堂,并为堂区的
宗教活动提供器具,后来又逐渐承担了其他宗教和世俗的任务。至 15
世纪时,堂区理事的制度日臻成熟,因为有许多从这个时期开始的堂区
理事的记录留存于世。这些记录显示,堂区理事负责分发由信中捐赠
的救济品,并为本堂区设立济贫基金提供服务。[1]

堂区理事的出现可以追溯到 13 世纪平信徒在堂区中威望的提升。
大多数的堂区通常设有两名堂区理事,但最多时可以达到四人。堂区
理事通常由堂区内的领导层选出,任期一年,可以连选连任。至 16 世
纪时,堂区理事多为地方普通人士担任,如在城镇中以手工艺人和小商
贩为主,在乡村地区以农民为主。

堂区理事的首要职责是照料教堂的修建和修缮,并为宗教活动提
供用具。中世纪晚期时,堂区承担了许多活动的组织,如为堂区创造收
益,通过宗教活动提供社交,为已亡信徒组织追思仪式。这些活动都需
要堂区理事的协助。主教出行巡视时,堂区理事也要陪同在旁。他还

---

① See Marjorie Keniston McIntosh, *Poor Relief in England*, 1350—1600, Cambridge
University Press, 2012, p. 95.

是堂区的法定代表,可以代表堂区参与诉讼。此外,堂区理事还参与救济贫民的活动。他负责对信众的捐助进行管理。例如,1500 年至 1501 年索尔兹伯里(Salisbury)的圣埃德蒙教堂(St. Edmund)堂区理事就记录了收到一部分遗赠,被要求用于帮助常年卧床不起的贫民。1532 年一位名叫理查·科利尔(Richard Collyer)的伦敦富商连续 10 年每年向诺福克郡霍舍姆(Horsham)的堂区理事赠予 3 英镑,用于在四旬斋期间给堂区贫民购买食物。堂区理事还从葬礼和追思活动中获取捐助。如 15 世纪晚期布里斯托尔(Bristol)的诸圣堂(All Saints')就有几份记录显示,在一些追思活动中获得了 12 至 20 便士的捐助。堂区理事还协助教堂设立专门用于救济贫民的基金。如 1451 年伍斯特教区的主教卡朋特(Bishop Carpenter of Worcester)签署了一项强制令,要求堂区理事在募集到救济金后,立即当着堂区司铎的面进行清点,并在圣职人员和其他堂区信众在场的情形下交还堂区理事分发给贫民,或者放入用于救济的公用箱(communi pixide)内。此外,堂区理事还要承担救济品的分发工作。如剑桥的圣三一教堂(Holy Trinity)的堂区理事曾在 1504 年至 1505 年期间以及 1511 年 1512 年期间,每年多次向堂区内贫民分发食物。另一份 1534 年的记录显示,萨福克的克拉特菲尔德(Cratfield)的堂区理事曾向一位名叫肯普(Kempe)的贫民及其家庭给予了 3 便士的救济金。

(2)中世纪教会济贫法理念的延续

在前几章中,笔者已经论述了中世纪教会法强调承担救济贫民的责任,并认可通过借助教会的公权力确保济贫工作的顺利开展。这一精神在英格兰中世纪教会法中得以延续,只是体现为国家通过立法的活动,积极规范作为济贫基本单位的堂区的救济活动。

通过国家立法对堂区的济贫活动进行规范始自 1536 年亨利八世签署颁布的一项法案。该法案规定了堂区理事的如下责任:

在每一个主日、圣日以及其他瞻礼，或者信众中的其他日子，将这箱内由基督徒信众慷慨且自愿捐助的救济金，以非常明智而审慎的方式，用来供给、帮助、救济那些无法工作的贫穷者、无劳动能力者、残疾者、身体羸弱者以及病者。①

该规定实际是以法律的形式，将堂区内设立的救济箱制度固定了下来，并安排了堂区理事承担相关分发的事宜。

亨利八世在位期间，虽然英格兰境内兴起了宗教改革的浪潮，切断了与天主教会的联系，解散了修道院，关闭和征收了大量教会机构，但原本教会济贫法的内在精神却仍然保持着。爱德华六世继位不久后就颁布了一系列强制令，进一步规定了堂区内救济箱的制度。根据该法案，堂区要特别为救助贫民设立一个坚固的箱子，上开一口。箱子有三把钥匙，一把由圣职人员保管，其余两把由堂区理事保管，或有堂区任命的其他人保管。箱子要放置在主祭台附近，以使堂区内信众可以将献仪或给贫民的捐助投入其中。该法案还要求圣职人员劝勉鼓励信众向该救济箱捐款。②

1547 年颁布的一部法案，则要求堂区内在每个主日和圣日的礼拜中募集济贫的资金。该法案要求圣职人员在诵读福音书后，以正直而扼要的方式劝勉堂区内的信众，敦促他们牢记同一堂区内需要帮助的贫民以及作为基督徒实行仁爱之举的责任。③

1552 年颁布的一部法案，则对救济金的募集和分发做出了详细的规定。该法案要求堂区的圣职人员与堂区理事将堂区内的所有居民和

---

① 　27 Henry VIII, c. 25.

② 　See Marjorie Keniston McIntosh, *Poor Relief in England*, *1350—1600*, Cambridge University Press, 2012, p. 128.

③ 　1 Edward VI, c. 3.

户主登记在册,明确谁属于无法独立生活或自力更生的无劳动能力者、年老者、贫穷者。其次,该法案要求圣职人员在礼拜结束后召集全体堂区居民,从中拣选至少两人担任募集员(Collector for the Poor),向其他居民募集慈善捐款,作为贫民的救济金。在任命人选后的下一个主日,新上任的救济金募集员须向信众询问并要求每周捐献的数额,并记录在册。之后,募集员每周都要妥善地向贫民和无劳动力者分发救济金。① 1563 年,伊丽莎白一世在位期间颁布的一项新法案,再次重申了1552 年法案的规定。②

之后颁布的 1597 年《救济贫民法》和 1601 年《伊丽莎白济贫法》,除了延续了 1552 年法案和 1563 年法案中有关堂区济贫工作的规定外,还做出了几项新的调整。调整之一是新设立了济贫监管员(Overseer of the Poor),取代了原先的救济金募集员。济贫监督员必须由堂区内家底殷实的户主担任。③ 此外,新法还重视在此过程中的监督、记录的保存以及账目的制作。每年复活节的一周,治安法官必须在自己辖区内的堂区中任命济贫监管员,指导他们与堂区理事共同开展济贫事务。此外堂区理事和济贫监管员还要接受堂区信众的监督,每月至少举行一次会议——通常是主日下午礼拜之后——就评估和分发救济金的事务进行商讨。堂区理事和济贫监管员每年还要向治安法官呈上账目,汇报一年中的收入与支出情况,以及堂区用于开展济贫事务的库存状况。如果堂区理事和济贫监管员疏忽职守,治安法官可以对其科以 20 先令的罚金或者监禁。④

如前所述,通过教会法学家们的创设以及彼此间的争鸣,一套通过

---

① 5 and 6 Edward VI, c. 2.

② 5 Elizabeth, c. 3.

③ 39 Elizabeth, c. 3, sec. 1.

④ 39 Elizabeth, c. 3, sec. 7.

甄别受施者的不同身份以进行有差别救济的规则,逐渐成为中世纪教会济贫法中普遍使用的原则。这一原则所蕴含的差别救济的理念,也延续到了英格兰中世纪的济贫法中。

1349 年的《劳工条例》中就有对无法自力更生的人和四肢健全却到处流浪、依靠救济度日的流民的划分。

1388 年理查二世颁布的《剑桥法》虽然规定要对四肢健全、有劳动能力的流民进行制裁,但同时暗含了允许无劳动能力者乞讨的意味:

> 而且,我们同意并赞成此关乎每一个行乞却有能力服侍和劳作的人,对那些离开前述百户区(hundred)或其他地方、却没有携带证明文书的人实施制裁……此外,在这项法律颁布之时,那些无力服侍的人应留在他们居住地的市镇。如果前述城镇的人不愿或无力找到他们,前述乞丐应该在本法颁布 40 天内,离开并前往其他百户区、雷普(rape)或邑(wapentake)内的乡镇,或者他们出生地的乡镇,并在那里度过余生。①

虽然显而易见,条文中对无劳动能力者行乞范围的限定体现了该法对这一许可的限制,但其字里行间中所体现的对无劳动能力者的关注,却是后来 1531 年《惩治乞丐与流民法》的先声。

1531 年,亨利八世在位期间颁布的《惩治乞丐与流民法》,规定可以对流民实施严厉的制裁,同时也采取了缓和的政策,要求年老者、贫民与丧失劳动能力的人登记姓名,允许他们在某一特定区域内行乞,并颁发执照给他们。②

---

① 12 Richard II, c. 7.

② 22 Henry VIII, c. 12.

1547 年颁布的一项法案禁止堂区内的负责人不加区分乞讨者的状况,就给予其救助。该法案要求只能对那些真正处在悲惨境遇中的贫民提供帮助。①

1597 年《救济贫民法》规定,每个堂区内的济贫监管员如有充分财力,可将自己的资金用于救济贫穷者、年老者、残疾者、无劳动能力者以及其他无法工作者的父母和孩子。

前已述及,教会法学家始终坚持,那些四肢健全、具备劳动能力的人,因为懒散宁可依靠乞讨度日,将被视作不值得救济的人,对这类人应明确拒绝进行救济,以免不劳而获导致他们更加懒惰、闲散,造成更加严重的社会问题。英格兰中世纪的济贫法,对体格健全的流民所持的否定态度,其实是和教会济贫法一脉相承的。

1349 年颁布的《劳工条例》就禁止对四肢健全的流民给予慈善帮助,并要求当局捕捉这些人,以迫使他们自力更生。

1530 年发布的一份王室公告提醒人们关注与日俱增的流民与乞讨者,要求各地当局惩治所有流民,以及那些离开出生地所属百户区,或者连续最近 3 年居住的百户区的有劳动能力的乞讨者。一旦抓捕到这类人,就要扒光衣物,裸露出腰以上的部位,进行严厉的鞭打,然后给予他们一张证明,以表明他们曾经因身为流民而遭受逮捕和制裁,并被遣送回家。② 就在该公告发布后的第二年,《惩治乞丐与流民法》出台了。该法将懒散的流民形容为:

由于懒惰——一切罪恶之母及根源——的缘故,人数的确以

---

① 1 Edward Ⅵ,c. 3.

② See Marjorie Keniston McIntosh,*Poor Relief in England*,*1350—1600*,Cambridge University Press,2012,p. 121.

极快的速度与日俱增，因此萌生了持续的盗窃、杀人、其他极其恶劣的犯罪、招致天主震怒的滔天大罪、国王子民的焦虑和损失以及对本国公益的惊人干扰。①

爱德华六世继位后，英格兰国会通过了许多极具打压性的法案，针对四肢健全、具有劳动能力的乞讨者和流民。1547 年的法案称许多残疾者、病者、年老者和无劳动能力者涌入城镇，使得街道上充斥着乞丐，导致城市的社团无力救济他们所有人。该法以这些人在自己的家园更容易得到救助为理由，要求他们返回出生地。同时该法案规定对流民动用残酷的刑罚。拒绝工作的流民一旦被告发至治安官处，他们的胸膛上就会被烙下"V"记号，并为告发者劳役两年。如果他们逃脱，就将面临终身劳役的惩处。②

1572 年颁布的一项法案，规定了年满 15 周岁、具有劳动能力的乞丐一旦被捕，在对其进行审判前就先送入监狱，其流浪生涯一经证实，就将遭受鞭笞，并用热铁烙穿右耳软骨。此后如若再犯，将作为重刑犯面临极刑。该法案还禁止对这些人任何形式的救济，一经发现，治安法官可科处罚金。③

1576 年颁布的一项法案，规定各郡成立感化院，用以收容长期流浪者。被收容者经过适当的惩罚后，必须从事工作。④

虽然教会法学家们在他们的评注中，几乎没有人关注 14 世纪的流民问题。但四肢健全、具备劳动能力却选择懒散或乞讨度日的贫民，显然符合教会法对不值得救济的贫民的定义。虽然教会法没有像英格兰

---

① 　22 Henry VIII, c. 12.

② 　I Edward VI, c. 3.

③ 　14 Elizabeth, c. 5, secs. 2—4.

④ 　18 Elizabeth, c. 3, secs. 5—8.

中世纪济贫法那样规定了对不值得救济的贫民处以极其残酷的刑罚，而且教会法学家都不将贫穷视为一种罪恶，但两者对懒惰者的深恶痛绝却是一致的。

当然，虽然教会法学家对不值得救济的贫民采取否定的态度，但他们也同样认为，一旦这些人真的处于非常紧急的情况时，譬如生命受到了威胁，依然应该得到救济。这种对不值得救济的贫民的例外，也在英格兰的中世纪济贫法中得到了延续。这体现在1536年颁布的法案中。这项法案规定了堂区可以代表贫民搜集常规的布施，同时还允许堂区在资金充足的情况下，可以将多余的部分用以救济体格健全、有劳动能力的贫民。此外，虽然该法案禁止贫民闲散流浪、公开乞讨，但却允许这类人接受私人的救济。①

教会法学家还主张，如果富人不愿将他们的过剩之物救济贫民，可以用强制的手段迫使他们布施。这在英格兰的济贫法中也得到了继承。1552年颁布的一项法案，规定了由堂区收集用以济贫的资金，如果有人顽固抵抗，不愿布施，就可以将此事报告给主教，由主教以慈爱的方式和手段，劝诫他履行义务。② 这实际是前述教会"福音的指控"司法程序的翻版，条顿人约翰将该规则引入教会的济贫法之中，而世俗的立法者又将该规则引入国家的济贫法之中，只是和教会法中允许主教行使审判权以解决该类争议不同，世俗政府的立法者削弱了教会的力量，仅仅允许主教以一种温和的方式规劝当事人。③ 1563年颁布的一项法案，对这个问题进一步作出了规范。如果主教在对不愿履行布施的人进行劝诫后依然无效，国家的公权力便可以介入，用强制的手段

① 27 Henry VIII, c. 25.
② 5 and 6 Edward VI, c. 2.
③ 5 and 6 Edward VI, c. 2.

征收救济物资,并对该类人处以监禁。① 1601 年的《伊丽莎白济贫法》甚至赋予堂区理事和济贫监管员一定的执法权。该法规定,如果堂区信众拒不交纳救济金,堂区理事和济贫监管员只须由两位治安法官许可,就可以强行征收其欠款或牲畜,或者变卖其财产。②

三、中世纪济贫法与两部《天主教法典》

中世纪晚期的西欧社会,由于瘟疫的爆发、农民的暴动、庄园制度的衰落,社会中的劳动力不断流失,贫困问题也不断加剧,而天主教会本身也在风雨飘摇之中逐渐衰弱。与此同时,教会法学家们固步自封,教会的济贫实践活动也面临着困顿。随着国家对济贫事务的掌控以及相关大量立法活动的开展,教会的济贫法逐渐式微,但却对以英格兰中世纪济贫法为代表的国家济贫法产生了影响。

都铎王朝时代,经历了宗教改革,英格兰的教会被置于国家的控制之下。原来教会法律和国家法律并存的局面不复存在。国家在接管教会的过程中,接过了教会的济贫事业,也接过了教会复杂且已僵化的济贫法。英格兰的中世纪济贫法对教会的济贫传统进行了发展和改造,同时也被深深打上了教会济贫特征的烙印:认可对贫民的救济责任;强调必须借助公权力确保对贫民救济事业的开展;强制的布施;按照贫民的不同身份进行有差别的救济;为避免游手好闲,拒绝体格健全、拥有劳动能力的人——这些理念都发源于古老的教会济贫法传统之中。不过,英格兰的济贫法并非只是对教会法简单的翻版,国家的立法者对他们那个时代所产生的各种社会问题保持着警醒的态度,特别是 14 世纪

---

① 5 Elizabeth,c. 3.
② 39 Elizabeth,c. 3.

后教会立法者和法学家未能给予特别关注的流民问题。世俗立法者避免了教会法的弊端，国家济贫法因而得以成功取代之。

虽然教会的济贫法在中世纪后期逐渐衰落，但其作为《教会法大全》中的一部分，名义上一直具有效力，直至 1917 年才被《天主教法典》(Codex Iuris Canonici 1917)所代替。而面对 20 世纪急剧变化的政治经济形势，教会不得不制定大量的新法律以适应时势，这形成了法典以外法律膨胀的局面，面对这种情况，教会又于 1983 年颁布新的《天主教法典》(Codex Iuris Canonici 1983)以取代 1917 年法典。教会的济贫法在这两部法典内被大幅削减。但由于教会本身存在于世的救援目的，以及教会在现代对慈善事业给予更多的关注，中世纪教会的济贫法在两部法典中有不同程度的延续。

1917 年《天主教法典》中有关济贫方面的规定较少。主要强调了司铎对堂区济贫活动的管理以及贫民的殡葬权。司铎有责任认识托给自己照顾的信徒，审慎地对他们的错误加以纠正，并且应以爱德照顾贫穷者。① 贫民不用向司铎支付殡葬费用，有权享有体面的葬礼。② 依法能够自由处理自己财产的人，可以将财产于生时或死后赠予慈善之用。③ 平信徒将财产用于慈善事业的意愿，一经合法接受，应该谨慎地履行管理或应用。④ 其执行人为教会教长，教长可以通过监督和视察的方式，使慈善意愿得以履行。⑤

第二次梵蒂冈大公会议以后，天主教会一向保守的姿态发生了转变，开始采用积极的态度面对世界的变化，并积极投身于公益事业中。

---

① 1917 CIC 467.
② 1917 CIC 1235.
③ 1917 CIC 1513.
④ 1917 CIC 1514.
⑤ 1917 CIC 1515.

这也体现在 1983 年《天主教法典》中有关济贫规定的增加。

　　首先,1983 年《天主教法典》继续强调了司铎是堂区济贫活动的管理者,规定司铎应以特别的关切照顾贫穷者、受苦者、孤独者、背井离乡者以及陷于特别苦难中的人。[①] 司铎因执行教会职务而得到的财务,除了维持自身生活和履行职务的开销外,可以自愿将所有剩余用于教会公益或慈善事业。[②] 司铎在面对贫民时,即使他无法提供献仪,仍然要按照他的意向奉献弥撒。[③] 司铎不可借施行圣事索取报酬,以免贫民因贫困而无法得到圣职的援助。[④] 另外,1983 年法典对贫民殡葬的问题作了进一步的规定,要求司铎留心勿使信徒的葬礼受到如献仪等人情因素的影响,以免贫穷者被剥夺应得的葬礼。[⑤]

　　其次,1983 年《天主教法典》设立专题规定了赠予和慈善基金的管理。除了继承了 1917 年《天主教法典》有关适格者可任意处分财产用于慈善目的[⑥]以及教会教长对慈善赠予的执行和监督等规定外[⑦],新法典还对慈善基金作出了规定,区分了有法人资格的社团或财团为追求有益目的而设立的独立慈善基金,以及以任何方式赠予某法人、由受着担负特殊法制定的常期责任的非独立慈善基金。[⑧] 教会教长是慈善基金的管理者,基金被法人接受有效与否必须有教长的书面准许。[⑨] 信徒所献慈善遗赠,如设立基金人明白给予教会教长权力,此教长即可因

---

① 1983 CIC 529.
② 1983 CIC 282.
③ 1983 CIC 945.
④ 1983 CIC 848.
⑤ 1983 CIC 1181.
⑥ 1983 CIC 1299.
⑦ 1983 CIC 1300—1301.
⑧ 1983 CIC 1303.
⑨ 1983 CIC 1304.

正当和需要的原因将其减少、调整、改变。①

此外,1983 年《天主教法典》还强调修会和平信徒面对济贫活动所要承担的责任。修会应该根据自身情况,尽力将财物用于救济贫民。②平信徒有义务推动社会公义,用自己的收入救济贫民。③

综上所述,虽然现代的教会法就救济问题的规范,无论是在篇幅上,还是规定的事务范围上,都无法与中世纪的《教会法大全》比拟,但1917 年和 1983 年新旧法典中,为数不少的法条都反映出了中世纪教会济贫法在现代教会法中的传承。

---

① 1983 CIC 1310.

② 1983 CIC 640.

③ 1983 CIC 222.

结　　论

　　中世纪的教会法重视对贫民的保护,虽然法律本身显得古老而深奥,但其对贫民问题所表现出来的关注,却超越了时空的限制,根植于教会深厚的传统贫穷观之中。中世纪的教会法学家们从法学的意义上探讨贫穷的问题,并得出了"贫穷不是罪恶"的观点。从这一观点出发,教会法重视对贫民诉讼权利的保护,为避免贫民受到不公正的对待,教会法学家们通过"可怜的人"和"正义缺失"两项原则的创设,给予贫民在诉讼中的优势地位。同时,教会的立法者和法学家还尽力为贫民提供司法救助:为无力聘请律师的贫民提供法律援助,允许圣职人员在世俗讼案中为贫民代理案件,豁免贫民出庭作证的义务。

　　除了让贫民在司法上获得救济的权利,教会法还关注贫民的社会经济权利,如受教育权。教会法通过为贫穷的学生提供经济上的帮助,解决教师本人收入来源的后顾之忧,确保了在教会学校中学习的贫民能够顺利完成学业。

　　教会法对贫民社会经济权利的关注,更加反映在对贫民财产权利的保护上。中世纪的教会法学家们,在对《格氏律》中有关自然法和财产私有矛盾不断协调的过程中,论证了贫民获得救济权利的合理性,贫民对公有财产的分有是他们的自然权利,他们有权获得物质上的帮助。而人们超出个人生活所需的冗余财产应当用于济贫。若有必要,甚至可以动用强制手段迫使富人交出自己的财产。

　　教会法上的慈善为济贫的实践活动提供遵循的规则。对于慈善关系中的施予方,教会法强调,一项能够带来功德的有效布施须满足三个要件——确保施舍物的品质,持有纯洁且富有爱德的施舍意向,并且在施舍的行为上妥当得体。教会法学家们注意到了财产的社会公益性,他们通过对罗马法的借鉴,解除了原先被禁止用于布施的财物之上的障碍。对于慈善关系中的受施者一方,教会法学家们重点关注他们接受布施的资格问题,并在实践中进行差别救济。通过对金口约翰、奥古斯丁、安布罗斯三位教父观点的调和,教会法学家们创设出了一种确认受施者资格的混合规则,在慈善救济中,要遵循家庭责任优先原则、基督徒优先原则,并且要区分受施的贫民是否值得救济。该规则的例外情况是在贫民濒临死亡时,不问资格、不分差别地予以救济。

教会法上对贫民财产权利的保护,强调贫民有权从公有的财产中获得帮助,超出个人生活所需的冗余应当用于济贫,包含了对个人拥有财富合理性以及财富社会公益性的强调两层含义。而教会法上的慈善又允许在公共利益宗旨下的经济活动,其实是强调了慈善和社会责任感在市场活动中的关键作用。这推动了中世纪商业的发展。

教会法还规定了堂区、修道院和善堂三大教会济贫机构在慈善救济中所要遵守的规则。作为济贫机构的堂区取代了教区在教会早期济贫活动中的职能,成为了中世纪盛期教会最基本的单元。原先教区济贫活动的主要负责人主教,此时转变成了监督人的角色,而堂区司铎则称为济贫活动的实际负责人。教会法一方面论证了这一转变的合理性,另一方面又通过积极的立法活动,干预堂区占用中对教会济贫资金的滥用问题。针对修道院,教会通过对堂区占用的问题进行立法,以防止修道院抽取堂区中的收益,挪作他用。教会法对善堂的规范起步相对较晚,统一的立法活动始自中世纪晚期。善堂堂长玩忽职守以及违背创立目的滥用捐赠的问题,一直是中世纪教会法关注的对象。

从 14 世纪中叶开始,欧洲的人口经历了一个从饱和到骤降的过程,黑死病的爆发给予欧洲社会以沉重打击,农民的暴动以及大量农村人口的外流,导致传统的庄园制度衰退,社会的贫困问题不断加剧。而教会已经度过了它的中世纪盛期,在同世俗政权的斗争中不断落败,教会内各种反抗的声音此起彼伏,教会的地位一落千丈。此时的教会法学家们,就有关济贫的问题,仍然在他们前辈的成果上原地踏步,对于无业流民不断增加这类实践问题,却鲜有讨论。占用的问题对堂区的济贫活动持续造成破坏,教会的禁令无法得到有效的实施。修道团体的没落导致修道院济贫事业的没落。善堂管理者在履行职责的过程中,屡屡侵犯救济捐助。上述的原因导致了教会的济贫法逐渐走向了衰落。与此同时,民族国家在济贫活动方面的立法正如火如荼地展开。教会的济贫法虽然衰退了,却在国家济贫法中得以延续。这在英格兰的济贫法中体现得最为明显。强调对贫民的救济责任、允许使用公权力确保济贫活动的顺利开展、强制布施、根据贫民的身份不同实施差别救济、拒绝救济四肢健全的无业流民,这些理念都根源自教会的济贫法之中,在世俗济贫法中得以回响。

兴盛于 11 世纪的教会济贫法,在中世纪晚期后,随着教会济贫活动的衰败,逐渐退出了历史舞台。回顾其兴衰历程,笔者认为有两点值得我们思考。

第一,任何一部法律,无论其设计、起草得多么完善,在实践过程中,如果行政部门的政策与该法的精神、目的相违背,都会造成法律无法达到预期设想的结局。教会在经过了中世纪盛期后,在对外与世俗政权的斗争中,为了取得优势,不断进行集权控制,导致教会内部出现了一个相当复杂的官僚体制。而历代教宗,尤其是其中最有才干者,他们的兴趣主要都集中在如何维持这样一个庞大的机器上。教会缺乏活力的状态从教廷一直蔓延至底层堂区。而教区、堂区中的牧人们,对于照顾信众们灵魂的热忱已经大减,他们中不少人的兴趣都在思考如何通过堂区占用来获利一事上。这和中世纪教会济贫法中强调的爱德是相违背的。圣职人员的关注点不在济贫一事上，教会的济贫法自然逐渐遭受冷落。

第二，立法不能脱离实践，不能弃社会现实于不顾。中世纪晚期的欧洲社会，由于天灾人祸，导致各种社会矛盾突出，尤其是贫困问题加剧。面对这一问题，教会法学家们却依然自顾自地浸淫于对过去的探讨和研究之中，对当下最该解决的难题，却未予以重视。这必然导致立法上的脱节。教会的济贫法无法满足社会现实的需求，因而为时代所淘汰。

除去以上两点经验教训外，中世纪教会济贫法的兴衰史依然给予了我们很多正面的启示。

近代资产阶级的偏见，认为贫穷本身是一种品德缺陷，贫穷者都是因为自身道德堕落才陷入困境。而中世纪教会法学家们却主张，贫穷本身不是一种罪恶。救济贫民，并不仅仅是通过布施食物、衣服这类维持最基本生活所需的资料，而是要保护他们获得救济的权利以及社会经济的权利。不仅要在司法救济中给予贫民以特殊的保护，还要帮助他们接受良好的教育。此外，教会法学家们还主张，富人有义务将自己多余的财富拿出来帮助有需要的贫民，强调财产的社会公益性。

中世纪教会法的这种价值观，是以强调人人平等为基础的。每一个人都有平等的机会发挥自己的才干，追求美好的生活。然而，这种价值观在今天却或多或少受到了抛弃。由于受"物竞天择，适者生存"此类理念的影响，我们总是倾向强调市场经济中的竞争性。现代社会对竞争有一种近乎疯狂的痴迷，很多人总是有意识或无意识地将竞争作为一个褒义词来解读。笔者不禁要思考，以竞争作为核心价值观来安排日常生活，这样的做法是否合适？我们是否有权将他人视作自己的竞争对手？包括贫民在内的弱势人群，往往因竞争力不足、适应力不佳、缺乏某些生活能力，而遭受不同程度的压抑和不平等的对待，以致社会地位低下，遭受歧视，被标签化、边缘化。在强调社会主义核心价值观的今天，我们是否能够摆脱弱肉强食思维方式的影响，从关爱贫者和弱者开始？

附录一 教会法的发展历史

教会法,其拉丁语形式为 ius canonicum,英语为 canon law,来源于希腊语单词 κανών,原意指木匠的尺,后引申为教会法规,是规范教会成员行为和教会组织的纪律规则。而教会法规的整体就被称为教会法。

在教会初创之际,已经有一些简单的立法活动,《圣经·新约》里记载的使徒保罗可以算是一个早期的立法者,他曾批评过犹太人的法律,当他向他的朋友们写信时,不仅在伦理道德上鼓励他们,也提出了不少纪律要求,要求基督徒遵守每一规定。在写给哥林多地方教会的信中,他解释了基督关于婚姻的教导,并解决了一个婚姻纠纷。另外在公元1世纪前,教会的领导们——基督的第一批宗徒——就在耶路撒冷召开会议,解决了一些关于犹太传统法律的问题,为非犹太人进入教会敞开了门。这次会议等于是开了一个权威性机构的先河,以后每一个世纪里,教会都会召开一些地方会议来解决包括教会纪律在内的问题,比如约于300—308年间召开的艾尔维拉会议,会议作出的决定包括了基督徒与犹太人的关系、婚姻生活以及神职人员的独身要求等问题。另外也有一些涉及纪律方面的著作,比如成书于2世纪的《十二宗徒遗训》(*Didache*),成书于3世纪的《宗徒传承》(*Traditio Apostolica*)、《宗徒规诫》(*Didascalia Apostolorum*),这些早期文献被认为是第一批宗徒的直接接触者的作品,内容包含伦理、礼仪、教会法管理、婚姻、神职人员的职责等内容。但是在这近 300 年的时期里,没有法律编纂的活动,一方面帝国的排斥使得教会的活动只能在暗地里进行,另一方面因为基督宗教初创未多久,散落在欧洲各地的地方教会对于合一的意识还不是很强。

公元 313 年后,教会进入了一个新的发展阶段,它也需要更多的法律来保护自己的统一和协调。教会的第一次大公会议在尼西亚召开。这次会议不仅规定了教义上的问题,也对很多具体的牧灵问题和组织管理的问题作出了规定。例如对教会行政区域的划分,有关圣职人员任命的问题,关于圣事和礼仪的种种问题等。会议所作出的规定确保了教会纪律,使得教会能够面对接下来在牧灵事务上的新挑战。

早期教会的法律还有其他来源,包括地方性的宗教会议以及教父们的著作。例如,后来的人搜集了巴西略、安布罗斯和奥古斯丁等教父的一些著作片段,这样为后世提供一些宝贵的指导原则。另外,从 4 世纪开始,越来越多的主教向教宗(罗马主教)询问教会事务方面的问题,寻求他的指导。教宗的回复被称为“手谕”。公元 496 年,一个名叫小狄奥尼修(Dionysius Exiguus)的修士在罗马翻译和整理了东方教会的教规,又搜集了 384 年至 498 年之间 38 篇教宗手谕,编成《狄奥尼修集》(Collectio Dionysiana)。这部教会法汇编虽然是私人之作,但在当时却享有重要的地位,其影响超越了意大利境内,波及西欧大部分地区。公元 774 年时,教宗亚德里安一世(Pope Adrian I)命人将小狄奥尼修以后的教宗手谕增补进这部汇编,送给查理大帝,此后它有了一个新的名字《狄奥尼修-阿德里安集》(Dionysio-Hadriana),802 年在亚琛的主教会议上,这部汇编以《阿德里安法典》(Codex Hadrianus)之名得到认可和颁布,成为法兰克地方教会的法律。

西欧一些组织比较完善的地方教会里,也有一些学者进行私人编纂工作,希望能以教会法为依据进行管理和指导生活。其中影响较大的有西班牙教会的《西班牙集》(Collectio Hispana),虽然作者不详,却是一部详实的教会法汇编,收录了东西方 67 次宗教会议的教规、105篇教皇教令,成为以后中世纪西欧教会法学者的重要文献资料。另外8 世纪的爱尔兰有两位学者——约纳的库伊姆(Cu Chiumne of Iona)和戴里尼斯的鲁本(Ruben of Dairinis)——编纂了一部《爱尔兰集》(Collectio Canonum Hibernensis),收录了爱尔兰地方会议的教规、有关悔罪的教皇手谕以及教父著作片段,此外还囊括了一些涉及契约和财产的世俗法律。

教会法编纂工作的展开,带来的一个影响是各种伪造教令教规的蔚然成风。造假的文书是天主教自古以来就面临的问题,在资讯交流不发达的年代,伪造文书是一件很容易得逞的事,因此出现以上这种风气并不意外。到 8、9 世纪的西欧,单篇文件的伪造已经发展成集结成册的规模,其中最著名的是《伪伊西多尔集》(Collectio Pseudo-Isidoriana)。编者自称“商人伊西多尔”(Isidore Mercator),后人却误以为这就是教父塞维利亚的伊西多尔。事实是,这部教会法汇编出自 9 世纪中叶法国学者之手。这部汇编自称包括很多教皇手谕,并且张扬保卫教会和神职人员的财产,强调教皇的崇高地位,希望通过上诉罗马教廷来抑制世俗权力对教区事务的干涉。

当欧洲北方的民族进入罗马帝国后,罗马人的社会很突然地消失了,西欧教会能够继续存在,因其接纳了这些北方民族进入教会。新的世俗统治者的皈依既给教会提供了有力的支持,也逐渐对教会的管理机制造成了挑战。他们觊觎教会的财产,因此经常性的侵犯不可避免;他们干预神职人员的选举,指派自己中意的人担任主教或是修道院长,后者也往往沦为统治者的封臣,需要履行封建义务;此外,他们也召集教会会议,并颁布教会法律。与此同时,神职人员的通婚也非常普遍,这使得他们与世俗统治者形成了重要的亲属关系。教会处在一种分裂的状态中，每个地方的教会都面对着世俗政权的要求。

　　为了摆脱世俗权力的控制，教会发起了革新。教会改革者们需要依赖法律肯定教会的身份、权威以及独立性。教皇格利高里七世（Pope Gregory VII）绝罚了皇帝亨利四世，这样的行为已经表明，教会在政治和法律方面有自己的独立性，而世俗的权威不能控制这个领域。改革使得学者们在各地的图书馆和档案库里寻找他们需要的古老文献。沉睡了 200 多年的《伪伊西多尔集》正是在这个时候重见天日，它的种种要求——世俗权力不应该控制教会的财产、教皇地位应该被提高等——得到了肯定，这表明了改革者的态度和决心。在这短短的近两个世纪里，新的教会法律汇编的效率超过以往任何时期。在意大利有《献给安塞姆的集子》（Collectio Anselmo Dedicate）、《五卷教规集》（Collectio Canonum in V Libris，1014—1024）、《维罗纳集》（Collectio Veronensis，11 世纪）、《法尔法修院集》（Collectio Farfensis，1100 前后）、《七十四卷集》（Diversorum Sententia Patrum）、卢卡主教安塞姆的《教规集》（Collectio Canonum，1083 前后）、枢机主教圣格里索格诺的格利高里的《多产集》（Polycarpus，1101—1120）以及《戴乌斯戴迪特枢机的集子》（Collectio Cardinalis Deusdedit，1083—1086）。在法国，重要的有《福勒里修院集》（Collectio Abbonis Abbatis Floriacensis，988—996），沙特尔主教伊夫的《教会法集》（Decretum）、《法律大全》（Panormia）。在德国有两部重要的汇编，一部是普吕姆修道院院长雷吉诺的《论教会纪律与基督教信仰》（De Ecclesiasticis Disciplinis et Religione Christiana，906 前后），另一部是沃尔姆斯主教布尔哈德（Burchard von Worms）的 20 卷皇皇巨著《教会法集》（Collectarium Canonum，1008—1022）。"法典化"是这一时期教会法的主题。所谓法典化，即根据教会法规的主题对其加以分类，以使不同主题的法律能够一目了然，而非早年仅仅按照年代编排的汇编。然而，前述的大多数

"法典化"汇编并不系统,甚至包含一些自相矛盾的教规。沙特尔的伊夫意识到了系统化的重要性,他在其《法律大全》的序言中提出了调和矛盾教规的主张。

伊夫这种主张的背景可能和 11 世纪教会在方法论上所经历的变革有关。分析与综合的方法——在当时被称为"辩证法"——被引入到了神学问题的讨论之中。这种源自古希腊的逻辑学方法,在中世纪教父波爱修斯等人的著作中保留了下来,在经历了数个世纪的沉沦后,此刻被用于阐发天主教信仰。根据这种方法,需要预先设定某些文本的绝对权威性,认为这些文本包含着一种综合且完整的体系,同时也假定其中可能存在疏漏和矛盾,因而它便将文本的概述、疏漏的填补以及矛盾的解决作为主要的任务——即寻求对立事物的和谐。在这种追求系统化的精神背景之下,又恰逢研究罗马法的热情再度复苏,一部划时代意义的作品出现了,也就是博洛尼亚的加默度会修士格拉蒂安的《矛盾教规之协调》(Concordia Discordantium Canonum),后世以《格氏律》(Decretum Gratiani)更为人所熟知。这部著作集合了新旧教会法规,指出了它们互相矛盾之处,并尝试调和,为后来一切教会法著作和研究奠定了基础。

《格氏律》很快取代了其他汇编,这并非没有缘由。格拉蒂安在著作中展示了他作为教会法学科之父的形象。《格氏律》后来出现了很多版本,但都没有被仔细校勘过,也都没核实或修正援引的古老法律资料。教宗庇护四世(Pope Pius IV)急于制定一个更为精准的版本,指令"罗马修订者委员会"(Correctores Romani)完成该任务。后者于1582 年出版了修订本,遂成为后世诸版的底本。

《格氏律》面世后,一代又一代的教宗又不断颁布各种手谕,以至于《格氏律》已落伍于时代,有必要进行新的汇编。这样的汇编诞生了若干部,其中最知名的如下:

(1)帕维亚主教伯尔纳德(Bernardus)的《编外节录》(Breviarium Extravagantium)。书名含有"编外"两字是因为《格氏律》后出现的教宗手谕集都被称为"《格氏律》编外律"(Tituli extra Decretum vagantes)。新的素材被分为五大类,分别探讨治权、民事诉讼、圣职人员的职务与职责、婚姻以及犯罪。由于是第一部出现的编外汇编,所以又被称为《第一卷》(Volumen Primum)或《第一部汇编》(Compilatio Prima)。

(2)《第二部汇编》(Compilatio Secunda)由教宗亚历山大三世(Pope Alexander III)至塞莱斯廷三世(Pope Celestine III)在位期间的手谕组成。最初由两位英国人——吉尔伯特(Gilbert)和艾伦(Alan)编订,后由威尔士的约翰(Johannes Gallensis)修订。

(3)彼得·科里维奇努斯(Petrus Collivicinus)奉教宗英诺森三世(Innocent III)之命,制定了一部新汇编,收录了从1198年至1210年之间的教宗手谕。该汇编被称为《第三部汇编》(Compilatio Tertia)。博洛尼亚的教会法学者认证了这部汇编。

(4)《第四部汇编》(Compilatio Quarta)成书于第四届拉特朗大公会议(1215年)后,包含了1210年至1215年之间的教宗手谕。

1230年,教宗格里高利九世(Pope Gregory IX)指派其专职司铎赖孟多(Raymundus de Peñaforte)系统地制定新的手谕汇编,最终编成《格里高利九世手谕集》(Decretalium Gregorii IX. Compilatio),并于1234年呈递博洛尼亚大学,得到认证。该集包含了2000多条教会法规,分为五卷,这可能是受到了罗马法编纂体系的影响。

《格里高利九世手谕集》取代了先前的几部汇编之后,1245年教宗英诺森四世(Pope Innocent IV)以及此后的亚历山大四世(Pope Alexander IV)、乌尔班四世(Pope Urban IV)、克莱孟四世(Pope Clement IV)、格里高利十世(Pope Gregory X)先后添加了附录和增补。

1298 年,教宗卜尼法斯八世(Pope Boniface VIII)颁布了一部新的汇编,囊括了格里高利九世之后的教宗手谕。这部汇编被称作《第六书》(Liber Sextus),因其是五卷本《格里高利九世手谕集》的补充。《第六书》重新回顾了《手谕集》五卷本,其本身又被细分为五卷,与后者保持一致。《第六书》颁布后,卜尼法斯八世及其继任者本笃十一世(Benedict XI)又相继发布了一系列手谕[其中有著名的针对法王腓力的《唯一至圣》(Unam Sanctam)诏书]。这些都没有收录在《第六书》中。它们被集合在一起,连同枢机主教隐修士约翰(Johannes Monachus)的评注,以《〈第六书〉编外宪章》之名出版,亦收录在后来的《普通编外卷》中。

1313 年,教宗克莱孟五世(Pope Clement V)颁布了《第七书》(Liber Septimus),包括 1311 年维埃纳会议的宪章及他本人发布的手谕。他将这部汇编呈递给了奥尔良大学,后暂缓其发行并着手进行新的汇编。新的汇编由其继任者约翰二十二世(Pope John XXII)完成,并呈递给巴黎大学和博洛尼亚大学。经认证后在教会中具有权威地位,被称为《克莱孟宪令集》(Constitutiones Clementinae)或《克莱孟书》(Clementines)。和《第六书》一样,《克莱孟书》也分为五卷,并在分卷主题上和《格里高利九世手谕集》保持一致。

《克莱孟书》之后,又有法国教会法学家让·沙皮伊(Jean Chappuis)增补没有收录但仍然具有效力的教会法规,编成《编外卷》(Extravagantes)。《编外卷》分为两个部分:(1)由教宗约翰二十二世的 20 份手谕汇编而成的《约翰二十二世编外卷》(Extravagantes Joannis XXII);(2)《普通编外卷》(Extravagantes Communes),囊括从教宗乌尔班四世(Urban IV)至西斯笃四世(Sixtus IV)在位期间的 74 份手谕。

1500 年沙皮伊将《格氏律》《格里高利九世手谕集》《第六书》《克莱孟书》和《编外卷》合编在一起。1566 年,教宗庇护五世(Pius V)组织"罗马修订者委员会"对这五部经典进行修订。1582 年,教宗格里高利十三世(Gregory XIII)批准修订成果,并以合集的形式印刷出版,也就是《教会法大全》(Corpus Iuris Canonici)。一直到 1917 年新法典颁布前,《教会法大全》都是整个教会行之有效的法律文献。

1545 年至 1563 年期间,教会又召开了一次很重要的会议,以应对当时的宗教改革运动,这就是特伦托大公会议(Council of Trent)。这次会议也颁布了一些法律。然而,总的来说,《教会法大全》修订出版以后,教会在法律编纂方面的步伐停滞了,教会法的面貌没有什么大的变更,一直到 20 世纪初那次教会史上最深入的修订立法活动。

在第一次梵蒂冈大公会议(First Council of Vatican,1869 年至 1870 年)召开期间,教会在立法和司法方面已经遇到了很多困难,所以教宗迫切想要修订教会的法律。但 1870 年意大利的统一迫使教宗放弃了这一计划。教宗庇护十世(Pope Pius X)于 1904 年才任命委员会修订教会法律。委员会的首长是加斯帕里枢机(Pietro Gasparri),他是一位影响很大的教会法学家。在这次修订的过程中,全世界的主教和修会会长的意见都被纳入考虑。1917 年,教宗本笃十五世(Pope Benedict XV)颁布了修订的成果——新的《天主教法典》(Codex Iuris Canonici 1917)。新法典于 1918 年 5 月 18 日生效,同时废止了一切其他的法律规范。

1917 年的《天主教法典》只有 2414 条条文,这是教会法律史上最彻底的一次法律修订运动。1917 年的法典依然保留了五卷的体系,分别为一般性原则、法人、事物、程序规定和刑法。不过教会法悠久的历史传统依然在这部法典中得到了体现,光是注脚引用的历史文献就多达 25000 多次。

1917 年的《天主教法典》在很大程度上消除了教会法的混乱状态,教会法庭和教会法教学很快依据新的法典进行了改革。不过,面对 20 世纪急剧变化的政治经济形势,天主教会不得不制定大量新的规章法令,形成法典外法规膨胀的局面。1959 年 1 月 25 日,教宗约翰二十三世(Pope John XXIII)宣布要建立一个修订教会法律的委员会,对 1917《天主教法典》加以全面修订。第二次梵蒂冈大公会议后,修订法典的委员会于 1963 年 3 月 28 日组成。教宗保罗六世(Pope Paul VI)关注和敦促着编纂新法典的任务,他在很多方面都考虑到第二次梵蒂冈大公会议带来的新的观念和新的理解。委员会经历几度修改,于 1982 年结束修订工作,新法典的文本呈送教宗约翰·保罗二世(John Paul II)。1983 年 1 月 25 日,约翰·保罗二世正式颁布了这部教会史上的第二部《天主教法典》,并于当年 11 月 27 日生效。1983 年《天主教法典》共有 1752 条条文,分为七卷,分别是总则、天主子民、教会训导职、教会圣化职、教会财产、教会刑法、诉讼法。这部法典适用于整个拉丁教会,但东仪天主教会不受其约束。

附录二 《时常发生这种情况》(Quia Contingit)1317年维埃纳会议第7条决议

时常发生这种情况：朝圣者之家、麻风病院、济贫院、客堂的主持者，严重忽视了对这些机构的照管，根本就不试图从篡权者手中索回他们自己的权利和财产，却纵容它们流失、屋舍毁损。此外，关于这些机构是由慷慨的信众建立和捐助，以使贫民和麻风病人得以在其中安家并依靠其收益过活这点，他们已然遗忘，毫不犹豫地将这些收益擅自挪为己用，而这些物资本是由信众为了特定的目的捐赠，应该仅仅用于该目的。我们痛恨这种失职和滥用收益的行为，经本次神圣会议的批准，我们规定，通过权利或法律或合法之习惯或宗座之特权领受职责之人，应努力复原那些处在前述状态下的场所，寻回被篡夺或被转移的权利和财产，并迫使那些机构的主持者接纳贫民，根据机构的收益情况供养他们。如果他们在这些事项上被证明失职，我们命令当地的教长，即使这些机构享有豁免权，也要贯彻前述所有指示，无论是直接还是间接。在迫使那些无豁免权的主持者履行时，可以以他们自己的权威进行，而迫使那些享有豁免权的主持者履行时，要以宗座的权威进行。那些反对的人，无论他们是什么地位或状态，还有那些提供他们建议的人，帮助或支持的人，都要受到教会的谴责和其他法律手段的约束。然而，本项规定并不影响他们在其他方面所享有的豁免或特权。

为使上述规定便于实行，这些机构都不允许以禄位的形式被授予在俗圣职人员，即使这已成为了一项习惯（我们绝对谴责这种习惯），除非这些机构设立的文件中有另外规定，或者通过选举填补了主持者的位置。而要由审慎适格、拥有良好声誉的人来管理这些机构。他的知识、意志与能力能使他管理这些机构、照看机构的财产、捍卫机构的权利、忠信地把收益用于贫民。他们也不能将收益挪作他用。我们在天主审断的见证之下，为那些被委派管理这些机构的人的良知立下这些责任。那些被委任的人应该宣誓，会照管好该机构，制作机构财产清单，每年向教长，或其他管辖机构者，或其代表，交付管理记录。若有人企图倒行逆施，我们规定这样的任命或安排是无效的。

　　然而我们不愿意前述规定适用于军事修会或隐修会的善堂。因为我们凭借内在的顺服的品质任命了这些善堂的主持者，他们可以按照本修会的规章和古老的惯例实行好客款待，救济贫民。只有他们的长上能以严厉的惩治措施强迫他们履行，而非任何成文法与习惯。而且，我们意愿，如果有善堂自古就拥有祭台与墓地，有司铎举行弥撒，并为贫民实行圣事，或者堂区的司铎已经习惯如此，这些古老的习惯就应该得到保留。

（根据 1582 年版《教会法大全》译出。）

附录三 《尼古拉四世税收评估》
(1291 年)中奇切斯特教区堂区
司铎与代牧薪俸记录

| | 超过 | | | | | | | | 低于 |
	£25	£20—50	£15—20	£10—15	£8—10	£6—8	£5—6	£4—5	£4
堂区司铎	8	11	9	42	15	24	27	21	2
代牧	—	—	2	15	13	23	37	23	1
堂区司铎与代牧之和	8	11	11	57	28	47	64	44	3
百分比	3	4	4	21	10	17	23	16	1

注:根据布莱恩·蒂尔尼著《中世纪济贫法》第 95 页译出。

附录四　英格兰 16 世纪前各类善堂数量的变化

	1350 年前	1350—1539			1540—1599		
	各类善堂与类型不明机构	各类善堂	贫民所	类型不明机构	各类善堂	贫民所	类型不明机构
运营者							
修道院	201＝56％	10＝16％	7＝8％	13＝26％	0	0	0
自我管理	122＝34％	26＝43％	3＝3％	9＝18％	7＝21％	3＝3％	1＝6％
平信徒管理							
城镇	14＝4％	5＝8％	9＝10％	2＝4％	7＝21％	16＝15％	1＝6％
堂区	0	2＝3％	12＝13％	4＝8％	4＝12％	12＝12％	2＝13％
行会	3＝1％	7＝11％	16＝18％	7＝14％	0	9＝9％	2＝13％
学校	4＝1％	1＝2％	6＝7％	9＝18％	1＝3％	3＝3％	0
以上四项总和	21＝6％	15＝25％	43＝47％	22＝44％	12＝35％	40＝38％	5＝31％
私人受让人	11＝3％	8＝13％	37＝41％	4＝8％	15＝44％	60＝58％	9＝56％
其他	4＝1％	2＝3％	1＝1％	2＝4％	0	1＝1％	1＝6％
总数与百分比	359＝78％	61＝67％	91＝66％	50＝53％	34＝76％	104＝75％	16＝59％

注：根据玛乔丽·肯尼斯顿·麦金托什（Marjorie Keniston McIntosh）《英格兰的济贫：1350—1600》（*Poor Relief in England，1350—1600*）附录 F 译出。

参 考 文 献

一、主要原始文献

Bernardus Parmensis, Glossa Ordinaria.

Clementines.

Codex Iuris Canonici 1917.

Codex Iuris Canonici 1983.

Decretales Gregorii IX.

Decretum Gratiani.

Extravagantes Communes.

Extravagantes Joannis XXII.

Henricus Bohic, Distinctione.

Innocent IV, Commentaria.

Johannes Andreae, Glossa Ordinaria.

Johannes de Turrecremata, Repertorium.

Johannes Teutonicus, Glossa Ordinaria.

Liber Sextus.

Panormitanus, Commentaria.

Paucapalea, Summa.

Rolandus, Summa.

Rufinus, Summa Decretorum.

Stephanus Tornacensis, Summa.

Summa Parisiensis.

Thomas Aquinas, Summa Theologica.

Zanzellinus de Cassanis, Glossa Ordinaria

1 Edward VI.

5 and 6 Edward VI.

5 Elizabeth.

14 Elizabeth.

18 Elizabeth.

39 Elizabeth.

22 Henry VIII.

27 Henry VIII.

12 Richard II.

15 Richard II.

二、中文文献

陈介夫:《天主教法典注释》,台南闻道出版社 1992 年版。

丁建定:《英国济贫法制度史》,人民出版社 2014 年版。

彭小瑜:《教会法研究》,商务印书馆 2003 年版。

尹红:《十六、十七世纪前期英国流民问题研究》,中国社会科学出版社 2012 年版。

张佳生:《十六世纪英国的贫困问题与民间济贫》,中国社会科学出版社 2012 年版。

郑功成:《社会保障学》,商务印书馆 2000 年版。

〔比利时〕亨利·皮雷纳:《中世纪的城市》,陈国梁译,商务印书馆 2006 年版。

〔比利时〕亨利·皮朗:《中世纪欧洲经济社会史》,乐文译,上海人民出版社 2001 年版。

〔德〕毕尔麦尔等编著:《古代教会史》,雷立柏译,宗教文化出版社 2009 年版。

〔德〕毕尔麦尔等编著:《中世纪教会史》,雷立柏译,宗教文化出版社 2010 年版。

〔德〕马克斯·韦伯:《新教伦理与资本主义精神》,于晓、陈维纲等译,生活·读书·新知三联书店 1987 年版。

〔法〕基佐:《法国文明史》,沅芷译,商务印书馆 1999 年版。

〔法〕罗贝尔·福西耶:《中世纪劳动史》,陈青瑶译,上海人民出版社 2007 年版。

〔法〕马克·布洛赫:《封建社会》,张绪山译,商务印书馆 2005 年版。

〔法〕P. 布瓦松纳:《中世纪欧洲生活和劳动》(五至十五世纪),潘源来译,商务印书馆 1985 年版。

〔法〕雅克·勒高夫:《钱袋与永生——中世纪的经济与宗教》,周嫄译,上海世纪出版集团 2007 年版。

〔法〕雅克·勒高夫:《中世纪文明:400—1500 年》,徐家玲译,格致出版社 2011

年版。

〔荷兰〕约翰·赫伊津哈:《中世纪的衰落》,刘军等译,中国美术学院出版社 1997
年版。

〔美〕本内特、霍利斯特:《欧洲中世纪史》,杨宁、李韵译,上海社会科学院出版社
2007 年版。

〔美〕亨利·奥斯本·泰勒:《中世纪的思维》,赵立行、周光发译,上海三联书店
2012 年版。

〔美〕娜塔莉·泽蒙·戴维斯:《法国近代早期的社会与文化》,钟孜译,中国人民大
学出版社 2011 年版。

〔美〕汤普逊:《中世纪经济社会史》,耿淡如译,商务印书馆 1984 年版。

〔美〕汤普逊:《中世纪晚期欧洲经济社会史》,徐家玲译,商务印书馆 1992 年版。

〔以色列〕苏拉密斯·萨哈:《第四等级——中世纪欧洲妇女史》,林英译,广东人民
出版社 2003 年版。

〔意大利〕但丁:《神曲·地狱篇》,田德望译,人民文学出版社 2004 年版。

〔英〕奥斯瓦尔德·J. 莱舍尔:《教会法原理》,李秀清、赵博阳译,法律出版社 2014
年版。

〔英〕大卫·尼科尔:《中世纪生活》,曾玲玲等译,希望出版社 2007 年版。

〔英〕大卫·休谟:《英国史 III:都铎王朝》,刘仲敬译,吉林出版集团有限责任公司
2012 年版。

〔英〕杰弗雷·乔叟:《坎特伯雷故事》,黄杲炘译,上海译文出版社 2007 年版。

〔英〕罗伯特·伊斯特:《社会保障法》,周长征译,中国劳动社会保障出版社 2003
年版。

〔英〕M. M. 波斯坦、H. J. 哈巴库克:《剑桥欧洲经济史》,周荣国译,经济科学出版
社 2002 年版。

三、外文文献

Anders Winroth, *The Making of Gratian's Decretum*, Cambridge University
Press, 2004.

Bonnie L. Pattison, *Poverty in the Theology of John Calvin*, Wipf & Stock Pub,
2006.

Brian Pullan, Catholics, Protestants, and the Poor in Early Modern Europe, *The
Journal of Interdisciplinary History*, Vol. 35, No. 3, 2005.

Brian Tierney, Foundations of the Conciliar Theory: The Contribution of the Medieval Canonists from Gralian to the Great Schism, *Revue de l'histoire des religions*, tome 152, No. 1, 1957.

Brian Tierney, *Liberty and Law: The Idea of Permissive Natural Law*, 1100—1800, The Catholic University of America Press, 2014.

Brian Tierney, *Medieval Poor Law: A Sketch of Canonical Theory and Its Application in England*, University of California Press, 1959.

Brian Tierney, The Decretists and the "Deserving Poor", *Comparative Studies in Society and History*, Vol. 1, No. 4, 1959.

Brian Tierney, *The Idea of Natural Rights*, Atlanta: Scholars Press, 1997.

Brian Tierney and Peter Linehan eds. , *Authority and Power: Studies on Medieval Law and Government Presented to Walter Ullmann on His Seventieth Birthday*, Cambridge University Press, 2012.

Brian Tierney and Sidney Painter, *Western Europe in the Middle Ages*, 300—1475, 6th ed. , McGraw-Hill Humanities, 1998.

Bruce C. Brasington and Kathleen G. Cushing eds. , *Bishops, Texts and the Use of Canon Law around 1100: Essays in Honour of Martin Brett*, Ashgate, 2008.

Carter Lindberg, *Beyond Charity: Reformation Initiatives for the Poor*, Augsburg Fortress, 1993.

Christine D. Pohl, *Making Room: Recovering Hospitality as a Christian Tradition*, Wm. B. Eerdmans Publishing Company, 1999.

Christopher Allmand ed. , *The New Cambridge Medieval History*, Volume 7, c. 1415—c. 1500, Cambridge University Press, 1998.

Christopher Dyer, Poverty and Its Relief in Late Medieval England, *Past & Present*, No. 216, 2012.

Constant Van de Wiel, *History of Canon Law*, Louvain: Peeters Press, 1991.

Daniel E. Bornstein ed. , *Medieval Christianity*, Augsburg Fortress, 2010.

David Abulafia ed. , *The New Cambridge Medieval History*, Volume 5, c. 1198—c. 1300, Cambridge University Press, 1999.

David Huyssen, *Progressive Inequality*, Harvard University Press, 2014.

David Luscombe and Jonathan Riley-Smith eds. , *The New Cambridge Medieval History*, Volume 4, c. 1024—c. 1198, Cambridge University Press, 2004.

Diana Wood, *Medieval Economic Thought*, Cambridge University Press, 2002.

Edward N. Peters, *The 1917 or Pio-Benedictine Code of Canon Law: in English*

Translation with Extensive Scholarly Apparatus, Ignatius Press, 2001.

Elaine Clark, Institutional and Legal Responses to Begging in Medieval England, *Social Science History*, Vol. 26, No. 3, 2002.

F. A. Gasquet, *Parish Life in Mediaeval England*, Benziger brothers, 1906.

Franz Erhle, *Beiträge zur Geschichte und Reform der Armenpflege*, Freiburg-im-Breisgau, 1881.

G. Lepointe, Jean Imbert - Les hôpitaux en droit canonique, *Revue d'histoire de l'Église de France*. Vol. 35, No. 125, 1949.

G. W. O. Addleshaw, *The Beginnings of the Parochial System*, London: St. Anthony's Press, 1952.

G. W. O. Addleshaw, *Rectors, Vicars and Patrons in Twelfth and Early Thriteeth Century Canon Law*, 1956.

Georg Ratzinger, *Geschichte der kirchlichen Armenpflege*, Freiburg im Breisgau: Herder, 1868.

George Gordon Coulton, *Five Centuries of Religion*, Vol. III, Cambridge University Press, 1923—1950.

Giacomo Todeschini, *Franciscan Wealth: From Voluntary Proverty to Market Society*, The Franciscan Institute, 2009.

Irina Metzler, *A Social History of Disability in the Middle Ages: Cultural Considerations of Physical Impairment*, Routledge, 2013.

J. G. W. Uhlhorn, *Die christliche Liebestätigkeit in der alten Kirche*, Stuttgart, 1882.

Jacoba J. H. M. Hanenburg, *Decretals and Decretal Collections in the Second Half of the Twelfth Century*, 34 Tijdschrift voor Rechtsgeschiedenis 552 1966.

James A. Brundage, *Medieval Canon Law*, Routledge, 2013.

James A. Brundage, *The Medieval Origins of the Legal Profession*, The University of Chicago Press, 2008.

James Brodman, *Charity and Religion in Medieval Europe*, Catholic University of America Press, 2009.

James G. Clark, *The Benedictins in the Middle Ages*, New York: The Boydell Press, 2011.

James A. Coriden, *An Introduction to Canon Law*, Paulist Press, 2004.

James Mulddon ed., *Bridging the Medieval-Modern Divide: Medieval Themes in* the World of the Reformation, Ashgate, 2013.

Joan Mueller, The Privilege of Poverty, The Pennsylvania State University Press, 2006.

Johann Friedrich von Schulte, Die Geschichte der Quellen und Literatur des canonischen Rechts von Gratian bis auf die Gegenwart, T. II, F. Enke, 1877.

John Henderson, Piety and Charity in Late Medieval Florence, The University of Chicago Press, 1997.

John J. Coughlin, Canon Law and the Human Person, Journal of Law and Religion, Vol. 19, No. 1, 2003—2004.

John W. Baldwin, The Medieval Theories of the Just Price: Romanists, Canonists, and Theologians in the Twelfth and Thirteenth Centuries, Transactions of the American Philosophical Society, New Series, Vol. 49, No. 4, 1959.

John P. Beal, James A. Cordien and Thomas J. Green eds. , New Commentary on the Code of Canon Law, Paulist Press, 2000.

John T. Noonan, Jr. , Gratian Slept Here: The Changing Identity of the Father of the Systematic Study of Canon Law, Traditio Vol. XXXV, 1979.

K. L. Wood-Legh, Studies in Church Life in England Under Edward III, Cambridge University Press, 2010.

Léon Lallemand, Histoire de la Charité, 3 vols. , Paris, 1902—1912.

Lester K. Little, Religious Poverty and the Profit Economy in Medieval Europe, Cornell University Press, 1983.

Libero Gerosa, Canon Law, Bloomsbury Academic, 2002.

Lorie Charlesworth, Welfare's Forgotten Past: A Socio-Legal History of the Poor Law, Routledge, 2010.

Lynn A. Botelho, Old Age and the English Poor Law, 1500—1700, The Boydell Press, 2004.

Margaret C. Schaus ed. , Women and Gender in Medieval Europe: An Encyclopedia, New York: Routledge, 2006.

Marjorie Keniston McIntosh, Poor Relief in England, 1350—1600, Cambridge University Press, 2012.

Mark R. Cohen, Introduction: Poverty and Charity in past Times, The Journal of Interdisciplinary History, Vol. 35, No. 3, 2005.

Michael Bertram Crowe, The Changing Profile of the Natural Law, Springer,

1977.

Michael Jones ed. , *The New Cambridge Medieval History*, Volume 6, c. 1300—c. 1415,Cambridge University Press,2000.

Michel Mollat, *The Poor in the Middle Ages: An Essay in Social History*,translated by Arthur Goldhammer,Yale University Press,1986.

Miri Rubin,*Charity and Community in Medieval Cambridge*,Cambridge University Press,1987.

Neil S. Rushton and Wendy Sigle-Rushton,Monastic Poor Relief in Sixteenth-Century England,*The Journal of Interdisciplinary History*,Vol. 32,No. 2 ,2001.

Odd Langholm, *The Legacy of Scholasticism in Economic Thought: Antecedents of Choice and Power*,Cambridge University Press,1998.

Ole Peter Grell and Andrew Cunningham eds. , *Health Care and Poor Relief in Protestant Europe 1500—1700*,London and New York: Routledge,2003.

Ole Peter Grell,Andrew Cunnigham and Jon Arrizabalaga eds. , *Health Care and Poor Relief in Counter-reformation Europe*, London and New York: Routledge,1999.

Paul Slack, *The English Poor Law, 1531—1782*, Cambridge University Press, 1995.

Pauline Allen,Bronwen Neil & Wendy Mayer,*Preaching Poverty in Late Antiquity: Perceptions and Realities*,Evangelische Verlagsanstalt,2009.

R. A. R Hatridge,*A History of Vicarages in the Middle Ages*,Cambridge,1930.

R. H. Helmholz,*The Spirit of Classical Canon Law*, The University of Georgia Press,2010.

R. H. Helmolz, Usury and the Medieval English Church Courts, *Speculum*, Vol. 61,No. 2,1986.

R. H. Snape,*English Monastic Finance in the Later Middle Ages*,Cambridge University Press,1926.

Robert H. Bremner, Modern Attitudes toward Charity and Relief, *Comparative Studies in Society and History*,Vol. 1,No. 4,1959.

Robert Pashley,*Pauperism and Poor Law*,Longman Brown Green and Longmans, 1853.

Robert W. Shaffern,*Law and Justice from Antiquity to Enlightenment*, Rowman & Littlefield Publishers,2008.

Rodney L. Petersen and Calvin Augustine Pater eds. , *The Contentious Triangle*: *Church*, *State*, *and University*: *A Festschrift in Honor of Professor George Huntston Williams*, Truman State University Press, 1999.

Rotha Mary Clay, *The Mediaeval Hospitals of England*, Methuen, 1909.

Rudolph Weigand, *Glossatoren des Dekrets Gratians*, Goldbach: Keip Verlag, 1997.

Sandra Cavallo, *Charity and Power in Early Modern Italy*: *Benefactors and Their Motives in Turn*, *1541—1789*, Cambridge University Press, 1995.

Sidney and Beatrice Webb, *English Poor Law*, Part I, Archon Books, 1963.

Stephan Kuttner, *Studies in the History of Medieval Canon Law*, Ashgate, 1990.

Stephen Kuttner, The Father of the Science of Canon Law, *Jurist* 1, 1941.

Thomas Max Safley ed. , *The Reformation of Charity*: *The Secular and the Religious in Early Poor Relief*, Boston and Leiden: Brill Academic Publishers, Inc. , 2003.

W. Ferguson, The Church in a Changing World, *American Historical Review*, 59, 1953.

Walter Ullmann, *Jurisprudence in the Middle Ages*: *collected studies*, London: Variorum Reprints, 1980.

Wilfried Harmann and Kenneth Pennington, eds. , *The History of Medieval Canon Law in the Classical Period*, *1140—1234*, Washington D. C. : The Catholic University of America Press, 2008.

William Ashley, *An Introduction to English Economic History and Theory*, Part I: Middle Ages, London: Rivingtons, 1888.

William Ashley, *An Introduction to English Economic History and Theory*, Part II: The End of the Middle Ages, Longman's, 1925.

William of Wykeham, *Wykeham's Register* Vol. 2, Simpkin &. Company limited, 1899.

Wolfgang P. Muller and Mary E. Sommar eds, *Medieval Church Law and the Origins of the Western Legal Tradition*, Washington, D. C. : The Catholic University of America Press, 2010.

Uta-Renate Blumenthal, *Anders Winroth and Peter Landau eds. *, *Canon Law*, *Religion*, *and Politics* : *liber amicorum Robert Somerville*, Washington, D. C. : Catholic University of America Press, 2012.

译 名 对 照 表

（以西文首字母为序）

A

Acts of the Apostles 《宗徒法规》
Alexander III,Pope 亚历山大三世
Alexander IV,Pope 亚历山大四世
almonry 施赈所
almsgiving 布施
Ambrose,St. 安布罗斯
Anthony,St. 圣安东尼
appropriation 占用
Aquinas,Thomas 托马斯·阿奎那
Ashley,Sir William 阿什利爵士
Augustine,of Canterbury 坎特伯雷的奥古
　　斯丁
Augustine,St. 奥古斯丁
Azo 阿佐

B

Bartholomaeus Brixiensis 布雷西亚的巴托
　　罗缪
Basil,of Caesarea 巴西略
Bede,the Venerable 尊者比德
Benedict,of Nursia 努西亚的本笃
Benedict XV,Pope 本笃十五世
beneficium 禄位
Bernard,of Clairvaux 明谷的伯尔纳德
Bernardone,Pietro 彼得·伯纳多内
Bernardus Parmensis 帕尔玛的伯尔纳德
black death 黑死病
Bloch,Marc 马克·布洛赫

Boniface VIII,Pope 卜尼法斯八世
Breviarium Extravagantium 《编外节录》
Burchard,von Worms 沃尔姆斯的布尔哈德

C

Canones Apostolorum 《宗徒规章》
Canticum Fratris Solis 《太阳弟兄之歌》
charity 慈善
Chappuis,Jean 让·沙皮伊
Charles V,Emporer 查理五世皇帝
Chaucer,Geoffrey 乔叟
Chrysostom,St. John 金口约翰
churchwarden 堂区理事
Citeaux 熙笃
Cistercian 熙笃会
Clement I,Pope 克莱孟一世
Clement III,Pope 克莱孟三世
Clement V,Pope 克莱孟五世
Clementines 《克莱孟书》
Codex Iuris Canonici 《天主教法典》
Collectarium Canonum 《教会法集》
Collectio Anselmo Dedicate 《献给安塞姆的
　　集子》
Collectio Cardinalis Deusdedit 《戴乌斯戴迪
　　特枢机的集子》
Collectio Canonum 《教规集》
Collectio Canonum Hibernensis 《爱尔兰
　　集》
Collectio Canonum in V Libris 《五卷教规
　　集》

索　引

（以汉语拼音首字母为序）